■シリーズ ふるさと春日井学 5

春日井に鉄道がやってきた

中央線名古屋・多治見間の開通

「ふるさと春日井学」研究フォーラム
安田 裕次

三恵社

まえがき

このブックレットでは、中央線名古屋・多治見間の鉄道敷設がどのようにして行われたのかを取り上げています。

明治新政府は近代国家建設のために、交通、通信網の整備による経済の国民的統合を急いでいました。郵便、電信、電話の整備と並び、大量の物流輸送手段としての鉄道の整備・発展は、明治新政府にとって焦眉の課題でした。

日本で初めて鉄道が開設され蒸気機関車が走ったのは、明治 5（1872）年、新橋・横浜間でした。ふるさと春日井で汽車が走りはじめたのは、明治 33（1900）年 7 月のことでした。この間、鉄道網の整備とともに産業の近代化と発展は進んで行きました。地方の人々にとっては、地域が発展して行く上で、鉄道の敷設は悲願であり熱望するところでありました。

そうした人々の請願・誘致活動から名古屋・多治見間に鉄汽車が走るまでの過程を、明治政府（鉄道会議）の動向も踏まえつつ、当時の新聞資料、春日井市教育委員会所蔵の関連資料などから明らかにしたのがこのブックレットです。安田裕次氏・村上真善氏による「ふるさと春日井学」研究フォーラムでの発表「ふるさと春日井の産業遺構保存－中央線敷設の歴史と遺構保存の現状を学ぶ－」（2013.6.2）（『会報４』所収）と安田裕次氏による令和３年度春日井市教育委員会文化財課文化財ボランティア研修講座「春日井に鉄道がやってきた」の資料をもとにしながら、安田裕次氏に新たな原稿として執筆していただきました。

（「ふるさと春日井学」研究フォーラム　会長　河地　清）

はじめに

春日井市を通る中央線は、現在春日井市民にとって通勤・通学に欠かすことのできない存在となっています。また、春日井市の発展に重要な役割を果たしてきました。

今から約120年前の明治33年7月25日、中央線の名古屋・多治見間が開通し、待ちに待った鉄道が春日井にやってきました。市内では勝川駅と高蔵寺駅が誕生しました。開通に先立ち試運転時（7月23日）には、勝川町で盛大な祝賀行事（相撲興業や花火など）が催されました。開通を喜ぶ町民の様子が目に浮かびます。

それでは、現在の中央線がどの様な経緯で開通に至ったのでしょうか。そこには、町の発展を夢見た近隣町村（小牧地区　春日井地区　瀬戸地区）の激しい誘致合戦や数々のドラマがありました。ここでは、私が講師を務めた令和3年度春日井市教育委員会文化財課文化財ボランティア研修講座の資料「春日井に鉄道がやってきた」等を基にして、当時の資料（新聞、春日井・瀬戸・小牧に残っている資料、国会の議事録等）から中央線の開通に至るまでの経緯を明らかにしていきたいと思います。合わせて、坂下地区を通る中央線のルートが住民の反対運動により現在のルートに変更されたという伝説の真偽も明らかにしていきます。

なお、表紙の写真は「定光寺駅近くを走る蒸気機関車」で昭和36年、加藤弘行氏の撮影によるものです。

目次 ◆ 春日井に鉄道がやってきた～中央線名古屋・多治見間の開通～

Ⅱ　名古屋・多治見間の開通

Ⅲ　その後のエピソードあれこれ

I　中央線が春日井を通ることに決定

（1）春日井に鉄道が通る可能性のあった大幹線計画

（明治 2 年〜19 年）

1）最初の大幹線計画は春日井を通らない　（明治 2 年〜16 年）

明治 5 年（1872 年）10 月 14 日、東京の新橋と横浜間に日本で初めて鉄道が走りました。物珍しさもあり、お弁当を持って鉄道見物をする人もいたといいます。実は、それより少し前（明治 2 年）に大幹線計画が始まっていたのです。この計画は、東西の両京（東京と京都）を鉄道で結ぶものでルートは未決定でした。ルートとしては、江戸時代の中山道に沿うルート（中山道線）と東海道に沿うルート（東海道線）の 2 つが考えられていました（現在の中央線のルートは、中山道線の一部と重なっています）。2 つのルートは、小野友五郎やイギリス人ボイルが測量し、中山道沿いのルート（中山道線）の方が良いと報告しています。

この中山道線は、東京から高崎・軽井沢・塩尻・木曽福島・中津川・土岐・美濃太田・岐阜・大垣から京都に向かうものでした。残念ながら多治見・名古屋間はルートに入っておらず、この段階で鉄道が春日井を通ることはありませんでした（図 1 参照）。

その後、明治 16 年に、大幹線計画は中山道線に正式決定しました。そして、測量とあわせて東京と京都の東西両方向から中山道線の工事が着々と進み、明治 16 年のうちに、東京〜高崎、京都（神戸から）〜大垣の区間が開通し始めていました。さらに中山道線に鉄道資材を武豊港から運ぶための支線として、武豊線の計画も進みました。

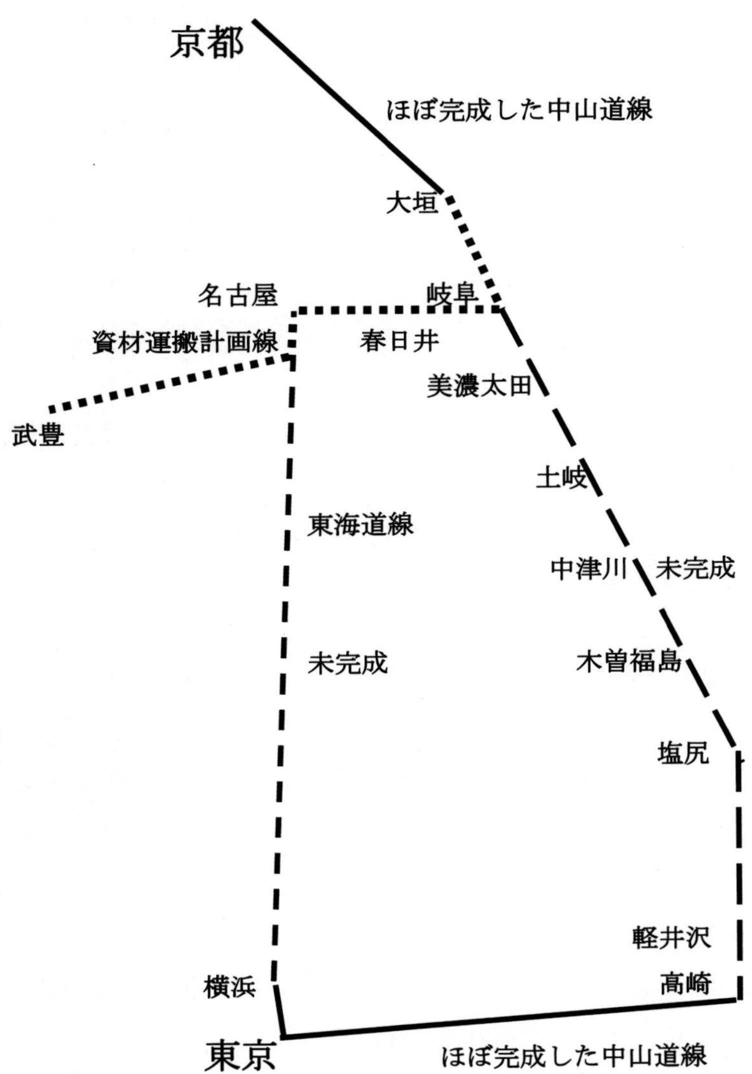

図１「明治 16 年頃の中山道線と東海道線」

2)春日井を通る可能性が出てきた　　　　　（明治 16 年～18 年）

中山道線が正式決定すると、まだ開通していない大垣・高崎間のルートの測量調査が始まります。明治 27 年初めごろ、明治政府は、中山道線の名古屋経由を考えます。岐阜から名古屋までを中山道西部線として、他方、名古屋から反転して春日井を通り多治見に至る線を中山道東部線と考え、未測量であった中山道東部線の測量を命じました（第 1 回の春日井近辺の測量調査)。この中山道東部線により春日井を通る可能性が出てきたわけです。明治 17 年 5 月 20 日より日本の鉄道の父と呼ばれる井上勝も中山道沿いルートを視察しています。井上が春日井近辺を視察したのは、5 月 28 日です。

視察・測量に基づく鉄道局と陸軍省との協議図が残されています（明治 18 年 6 月　図 2 -①②参照)。これを見ると中山道東部線のルートでは、名古屋からほぼ現在のルートが示されていて、勝川・高蔵寺を通り定光寺付近から庄内川を渡って瀬戸市に入り多治見・土岐へ向かっています。

3）計画変更で春日井を通る可能性が途切れる　（明治 19 年 7 月）

明治 17 年の視察を終えた井上は、不安を感じ、再度、原口要に東海道沿いルート、南清に中山道沿いルートの測量調査を命じました。明治 19 年 7 月、彼らの報告により大幹線計画は、工費や時間のかかる中山道沿いルートを破棄し、名古屋・横浜間は東海道沿いのルートに変更することに決まりました。この路線（大幹線路線）が、わずか 3 年後の明治 22 年に開通するほぼ現在の東海道線です。中山道東部線として春日井に鉄道が通る可能性は、この変更により一旦途切れることになります。

図２－①　井戸田弘『東海地方の鉄道敷設史』を加工転載

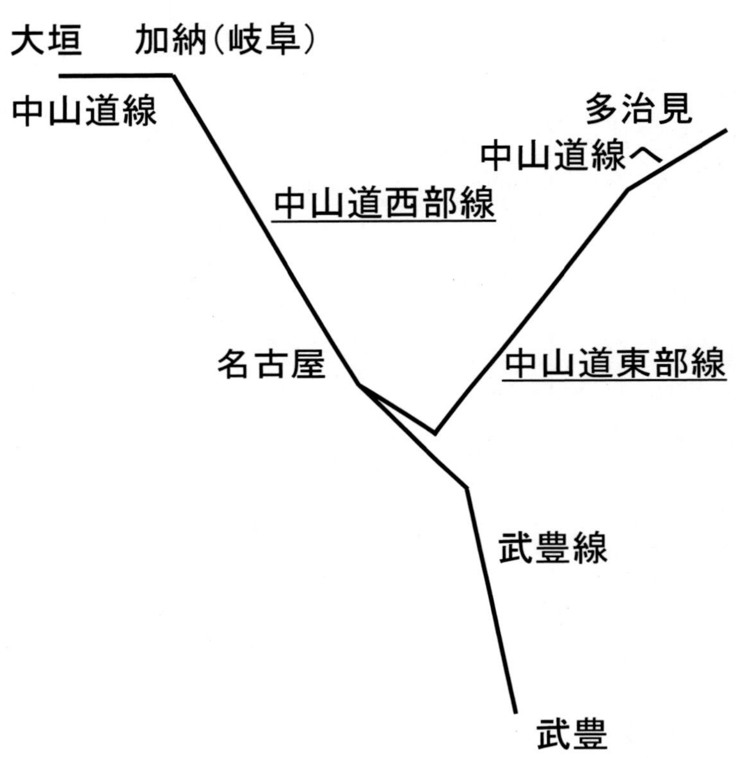

図２－②「明治 18 年・陸軍省協議添付近国見取図を図式化」

（2）「鉄道敷設法」公布で中央線として再度鉄道が通る可能性が出てくる　（明治25年6月）

大幹線計画は東海道線に変更されましたが、中山道沿いに鉄道を敷く計画は、政府主導で全国鉄道計画の一環として取り上げられるようになります。計画は第2・3回の帝国議会を経る中で、関東から甲府・諏訪を経て名古屋に行くルート（中央線）となります。明治25年6月21日の「鉄道敷設法」公布により、正式に、再度春日井に中央線として鉄道の敷設される可能性が出てきました。この敷設法では、中央線の起点及び経過点について次のような記述があります。

「神奈川県下八王子若ハ静岡県下御殿場ヨリ山梨県下甲府及長野県下諏訪ヲ経テ伊那郡若ハ西筑摩郡ヨリ愛知県下名古屋ニ至ル鉄道」

すでに甲武鉄道として新宿・八王子間ができていました。その八王子を起点として、あるいはこれもすでにできていた東海道線の通過点の御殿場を起点として、甲府・諏訪を通り木曾谷を通るか伊那谷を通り終点を名古屋にするという計画です（明治25年7月26日付新聞「新愛知」現・中日新聞）。

また、新聞では図等でルートが示されています。諏訪からは、2本の点線（筑摩線と伊那線）が名古屋に向けて示されています。ここからルートの決定していないことが分かります。図の上の点線部分（筑摩線）では現在の春日井市部分が通っているように見えます。

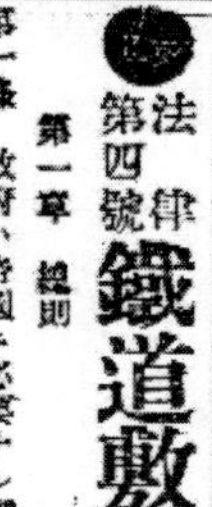

法律 第四號 鐵道敷設法

第一章 總則

第一條 政府ハ帝國ニ必要ナル鐵道ヲ完成スル爲漸次豫定ノ線路ヲ調査シ及ビ敷設ス

第二條 豫定鐵道線路ハ左ノ如シ

中央線

一神奈川縣下八王子若ハ靜岡縣下御殿場ヨリ山梨縣下甲府及長野縣下諏訪ヲ經テ伊那郡若ハ西筑摩郡ヨリ愛知縣下名古屋ニ至ル鐵道

一長野縣下長野若クハ篠ノ井ヨリ松本ヲ經テ前項ノ線路ニ接續スル鐵道

一山梨縣下甲府ヨリ靜岡縣下岩淵ニ至ル鐵道

中央線及北陸線ノ連絡線

一岐阜縣下岐阜若ハ長野縣下松本ヨリ岐阜縣下高山ヲ經テ富山縣下富山ニ至ル鐵道

北陸線

一福井縣下敦賀ヨリ石川縣下金澤ヲ經テ富山縣下富山ニ至ル鐵道及本線ヨリ分岐シテ石川縣下七尾ニ至ル鐵道

北陸線及北越線ノ連絡線

一富山縣下富山ヨリ新潟縣下直江津ニ至ル鐵道

北越線

一新潟縣下直江津又ハ群馬縣下前橋若ハ長野縣下豐野ヨリ新潟縣下新潟及新發田ニ至ル鐵道

北越線及奥羽線ノ連絡線

明治 25 年 7 月 26 日付「新愛知」

（3）春日井近辺を測量した中央線　　（明治25年7月～12月）

「鉄道敷設法」を受けて、路線決定をするための調査（第2回目の測量調査）が始まります。全国路線調査のうち中央線については測量技師・原口要がその担任となり、八王子および御殿場・甲府間、甲府・諏訪間、諏訪・名古屋間の測量調査が始まりました。諏訪・名古屋間は、①～③の3路線が測量調査されました。春日井・瀬戸近辺は①の筑摩線の一部として測量されました（図3参照）。

「第4回帝国議会衆議院委員会速記録」によると諏訪～名古屋間の測量調査は、明治25年7月28日から12月5日まで、3回に分けて実施されたことがわかります。

①　筑摩線

中山道沿いに行くルート（現在の中央線のルート）。

主な経過地は諏訪－塩尻－木曽福島－**中津川－多治見－高蔵寺－名古屋（春日井近辺測量調査）**。

②　第一伊那線（三河線）

飯田街道沿いに行くルート（現在の飯田線に近いルート）。

主な経過地点は諏訪－伊那－飯田－足助－名古屋。

③　第二伊那線

飯田までは②のルートで、そこから清内路を通り中津川に出る。

その後は①のルート。

主な経過地点は諏訪－伊那－飯田－清内路－**中津川－多治見－高蔵寺－名古屋（春日井近辺測量調査）**。

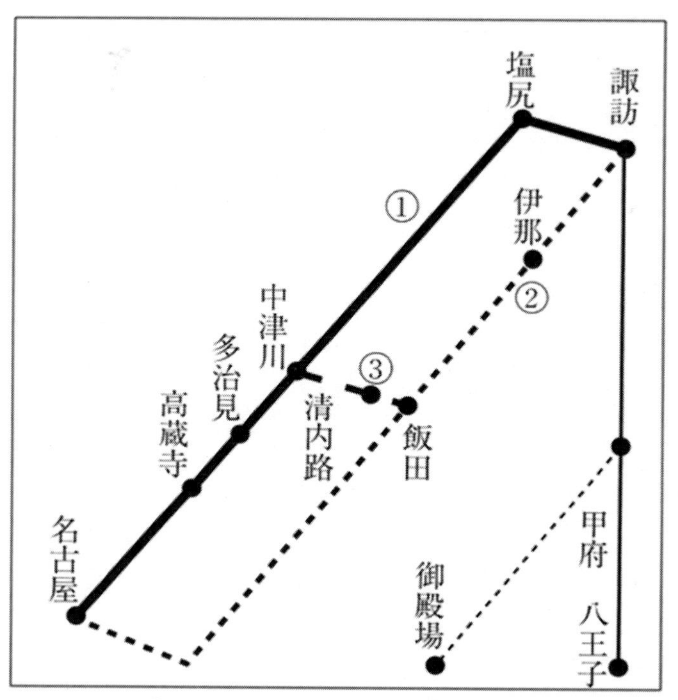

図３「測量した諏訪・名古屋間の路線図」

（4）中央線敷設の誘致合戦　　（明治 25 年 7 月ごろ～）

測量調査が始まると、各地で活発な誘致合戦が展開されるようになります。鉄道敷設には町の発展が期待されていたからです。第一伊那線、第二伊那線のルートが通る飯田では、町民あげて誘致運動したと新聞報道されています（明治 25 年 7 月 5 日付「新愛知」）。

あまりにも活発な誘致運動に対して、鉄道技師の測量が不正確になることを心配し、「地方有志からの賄賂や飲酒の同席を禁止する」という鉄道庁長官（井上勝）の内訓が出されました（明治 25 年 8 月 3 日付「新愛知」参照）。

筑摩線（①）の多治見・名古屋間では小牧線・高蔵寺線（玉川線）・瀬戸線の３ルートが考えられていました(図４)。その中で、小牧線（小牧地区）と瀬戸線（瀬戸地区）について、盛んな誘致運動が行なわれました。

小牧線の誘致運動の中心者は、明治 26 年当時の江碕均・小牧町長らです。彼らは、中央線のルートについて話し合われた第４回帝国議会へ向けて請願書「中央鉄道布設ノ意見」（明治 26 年 1 月 7 日）を提出しました(資料１「中央鉄道布設ノ意見」中の名古屋多治見間中央鉄道線路略図　明治二十五年十二月」参照)。

一方瀬戸線の方は、水野寛瀬戸町長らが中心となり貴族院議長に宛てて「中央鉄道線敷設ニ関スル件ニ付請願」（明治 26 年 2 月 14 日）を提出しました。請願書は、新聞でも大きく取り上げられています。

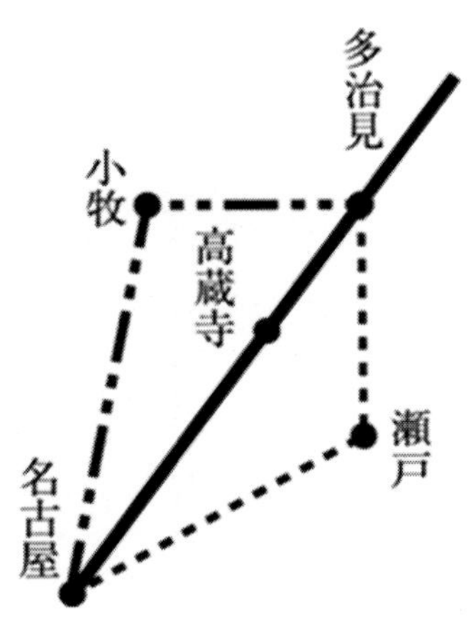

図４「名古屋多治見間の3路線」

○鐵道廳長官の内訓　今回全國各地第一期敷設線路實測のため原口技師を委員長とし各委員を各地に派出したるに付き此程鐵道廳長官は一篇の内訓を發したるよし其要旨は「從來鐵道技師の出張に就き或ひは地方有志の宴會に招かれ甚だしきに至つては賄賂を享受して線路の變更を謀る抔の風評ありて地方人民の感情を害すると尠からず右樣のとは官吏としても亦た技術の獨立上よりいふも万之れなき筈なれど爾來は右等の嫌疑を避くる爲め飲酒の如きも成るたけ之を愼み若し止むを得ず飲酒するも地方有志者と同席せざるやう相努め且つ目下線路に就ては各地方競爭の際に付き態々注意し詳細に地方の利害を實測調査の上有志者の希望に依りて技術上調査上の事實を枉ぐるが如き弊害之れなきやう厚く注意すべし」といふに在りとか如何にも尤ものことにて現に此類の醜談時々我々の耳朶を打つなり

明治 25 年 8 月 3 日付「新愛知」

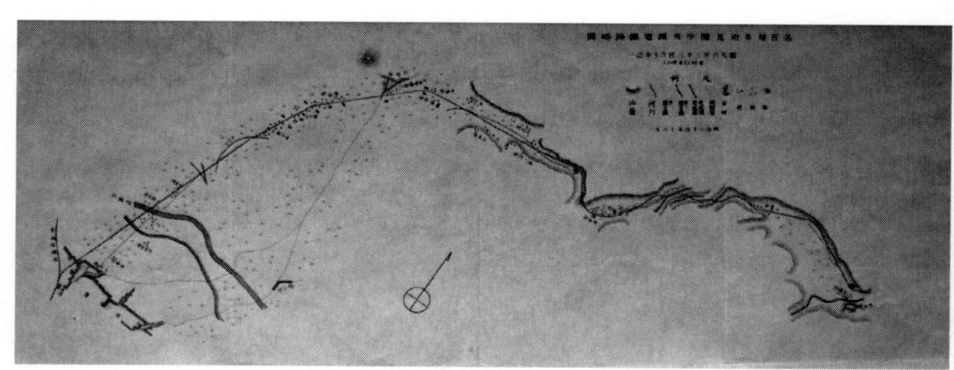

資料１「中央鉄道布設ノ意見」中の名古屋多治見間中央鉄道線路略図

明治二十五年十二月」（小牧市神明社所蔵）

（5）中央線ルートを審議した第1回鉄道会議　（明治26年2月）

1）政府案は現在の中央線のルート

測量結果は、第1回鉄道会議で承認を得て、第4回帝国議会で審議という形をとります。第1回鉄道会議は、明治25年12月13日から始まりました。鉄道会議は測量したルートを選定・審議・議決する諮問会議です。会議の冒頭で、鉄道関係を管轄する逓信大臣・黒田清隆が審議をお願いする挨拶をしています。なお当時の総理大臣は伊藤博文です。明治25年10月3日付新聞「新愛知」によると鉄道会議の構成メンバーは、川上操六議長と書記官1名他委員22名の24名で構成されています。もちろん、鉄道庁長官の井上勝も委員の一人です。また、鉄道会議を中心的に進め中央線のルートを説明した松本荘一郎（井上勝後の鉄道庁長官）の名前もあります（明治25年10月3日付「新愛知」参照)。

中央線の話し合いが記録されているのは、明治26年2月4日、5日、6日の部分です。2月4日、中央線諏訪・名古屋間について測量調査結果に基づき、①筑摩線、②第一伊那線、③第二伊那線の3つの路線が鉄道担当主任・松本荘一郎から示されています。

3つの路線(諏訪・名古屋間のみ)をまとめると表1のようになります。路線について、松本は次のように説明しています。

「中央線ハ御承知ノ通リニ第一ニ軍事上ノ目的ト云フコトガアッテ併セテ成ルベク物産モ多イトカ人口モ多イト云フ所ニ持ッテ行キタイト云フ<中略>**諏訪カラ以西ハ木曽線ニ據ル**」

つまり松本は、軍事上(有事の際、軍を一早く送ることができるのは①)、経済的（人口物産の多い所を通るのは③、①、②の順）、勾配（最も緩やかな 40 分の 1 をとるのが①で、②、③の順）、工費（①、③、②の順で約 500 万円ずつ高くなる）の理由で総合的に判断して①の筑摩線（木曽線）を政府案とすることに決めたというのです。

○鐵道會議々長以下の任命
此度内閣に於て任命ありたる人名は左の如し

鐵道會議々長 參謀本部次長陸軍中將 川上操六
鐵道會議幹事 遞信省書記官 田健次郎
鐵道會議々員 鐵道局長官子爵 井上勝
仝 陸軍次官陸軍少將 兒玉源太郎
仝 遞信次官 河津祐之
仝 大藏省國債局長 有島武
仝 農商務省商工局長 齋藤修一郎
仝 遞信省郵務局長 古澤滋
仝 鐵道廳部長工學博士 松本莊一郎
仝 參謀本部第二局長陸軍大佐 高橋維則
仝 海軍參謀部第一課長海軍大佐 有馬新
仝 陸軍工兵少佐 山根武亮
仝 陸軍歩兵少佐 山口圭藏
仝 土木監督署技師工學博士 石黒五十二
仝 貴族院議員從二位子爵 谷干城
仝 貴族院議員筑豐鉄道會社長從四位子爵 堀田正養
仝 貴族院議員日本銀行總裁從四位 川田小一郎
仝 貴族院議員 小室信夫
仝 若尾逸平
仝 衆議院議員從三位 渡邊洪基
仝 衆議院議員正七位 村野山人
仝 衆議院議員 佐藤里治
仝 箕浦勝人
仝 伊藤大八

明治 25 年 10 月 3 日付「新愛知」

	距　離	最急勾配	工　費
①筑摩線	約 207km	40 分 1(25‰)	約 1340 万円
②第 1 伊那線	約 228km	30 分 1(33‰)	約 2340 万円
③第 2 伊那線	約 209km	15 分 1(67‰)	約 1740 万円

表1　「諏訪・名古屋間の3ルートの比較」
（25 ‰（パーミル）は、1000 メートルで 25 メートル上昇する。）

2) 名古屋・多治見間の政府案は高蔵寺線（玉川線）

2月5日の鉄道会議では、①、②、③の路線説明と質疑が行われています。その①筑摩線の路線で多治見・名古屋間の政府案は次のようです（明治26年2月23日付「扶桑新聞」参照）。

「多治見ノ対岸ナル長瀬（停車場設置見込）ヲ過キ池田村ヲ経テ再ヒ土岐川谷ニ入リ右岸に沿ヒ玉野ニ至ル此間モ亦渓間狭窄屈曲甚シキ為メ十六鎖乃至四十三鎖ノ隧道ヲ穿ツ五カ所崖岩ヲ鏟削シ護岸ヲ造築スル等ノ工事困難ナリトス夫ヨリ高蔵寺（停車場設置見込）大留松河戸勝川（停車場設置見込）ヲ経テ庄内川ヲ渡ル」　後略

ここからわかるように、第1回鉄道会議の政府案は、春日井市内の高蔵寺・勝川を通る高蔵寺線（玉川線）です。なお、政府案の付記として多治見・名古屋間について瀬戸線が記述されています。そこにはルート説明の最後に次のようにあります。

「此線ハ高蔵寺経過線ニ比スレハ地形険悪彼レは百分一ノ勾配ヲ用フルモ此ハ四十分一ヲ用ヒ土功其他ノ工事モ彼ヨリ困難ニシテ建設費額モ三十余万円ノ増加ヲ要スヘキ等ヲ以テ採用スルヲ得サルノ線路トス」

政府は、多治見・名古屋間について比較線として瀬戸線を測量していますが、高蔵寺線（玉川線）に比べて勾配が急で工費も30数万円余分にかかるので、政府案として採用できない線としています。政府は図4の3ルートの内、2つの路線（高蔵寺線と瀬戸線）は測量していますが、小牧線（内津峠を通り西尾までは現・春日井市を通る）は測量していません。小牧線は、明治 26 年 1 月に出された民間の要望書に示されています（資料１参照）。

名古屋・多治見間の３路線をまとめると次のようになります。

・高蔵寺線（玉川線）	（高蔵寺を通る政府予定線）
・瀬戸線	（瀬戸を通る政府比較線）
・小牧線	（小牧を通る民間要望線）

＊高蔵寺線は、当時高蔵寺駅が玉川村にあったため、玉川線とも呼ばれていました。当時の資料にも２通りが示されています。

庭園の東端を經、十六鎖の隧道を穿ち多治見の對岸なる長瀬（停車場設備見込）を過ぎ池田村を經て再び土岐川谷に入り右岸に沿ひ玉野に至る此間も亦溪間狭窄屈曲甚しき爲め十六鎖乃至四十三鎖の隧道を穿つ五箇所岩崖を鏟削し護岸を造築する等の工事困難なりとす夫より高藏寺（停車場設備見込）大留松河戸、勝川（停車場設備見込）を經て庄内川を渡るに九百十九呎の橋梁矢田川を渡るに六百三十呎の橋梁を以てし名古屋に入り出來町（停車場設備見込）に至り千種村古渡を經て既成線路に騈行して名古屋笹島停車場に達す中津川より此に至る四十八哩四十七鎖にして本線中最も平地多き部分なり然れども大井より槇金峠に上る間は傾斜頗る急なるを以て巨大の土功を要し且つ土岐川谷に入りて前後六哩半の間に於ては隧道橋梁を設くる頻數岩壁を開鑿し護岸を築造する等の工事は又容易ならざるものとす

以上線路設計の概況なり茲に全線の距離工事の要項を擧れば左の如し

距離	上諏訪より名古屋に至る百二十九哩二十五鎖
土工	二百十三萬六千八百四十三立坪
橋梁	百四十箇所 延長一萬五百二十九呎
隧道	四十三箇所 延長四萬六千九百十九呎
停車場	二十三箇所
最急勾配	四十分一
最急弧線	十三鎖半徑
建設費	千三百四十四萬三千百二圓每一哩に付十萬三千九百六十圓

（以下略す）

明治 26 年 2 月 23 日付「扶桑新聞」

3）政府案通り筑摩線の高蔵寺線（玉川線）で議決

明治 26 年 2 月 6 日、第 1 回鉄道会議では諏訪・名古屋間についてどの線を採用するかの採決をします。採決の結果は次のようです。

① 筑摩線 17 名（現在の中央線のルート）

② 第一伊那線 0 名

③ 第二伊那線 6 名

第二伊那線を支持する人も（6 人）いましたが、政府案通り①の筑摩線で可決、決定されました。多治見・名古屋間については問題になっていません。鉄道会議の決定については新聞「新愛知」や「扶桑新聞」ですぐに取り上げられます。伊那線を支持していた新聞「新愛知」は、大変残念がっています（明治 26 年 2 月 8 日付「新愛知」参照）。なお、板垣退助が伊那線を支持していたことも報じられていました。

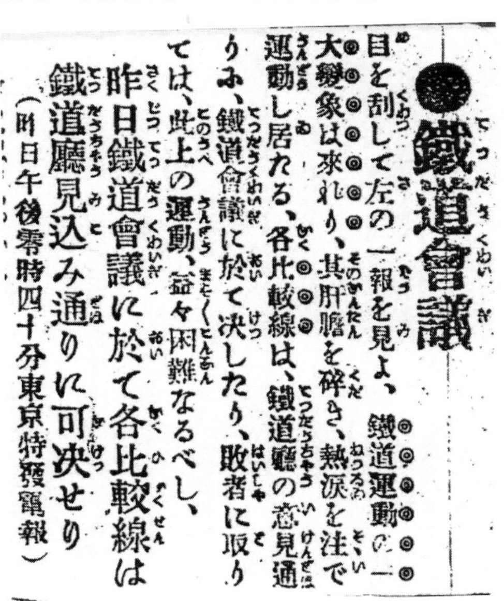

●鐵道會議

目を刮して左の一報を見よ、◎◎◎◎◎◎◎鐵道運動の一◎◎◎◎◎◎大變象は來れり、其肝膽を碎き、熱涙を注で運動し居れる、各比較線は、鐵道廳の意見通りふ、鐵道會議に於て決したり、敗者に取りては、此上の運動、益々困難なるべし、

昨日鐵道會議に於て各比較線は鐵道廳見込み通りに可決せり

（昨日午後零時四十分東京特發電報）

明治 26 年 2 月 8 日付「新愛知」

（6）波乱の第4回帝国議会　政府案議決できず

（明治26年2月）

1）中央線の審議日程

第1回鉄道会議を受けて、政府案は第4回帝国議会（中央線の審議は明治26年2月16日から21日）に「鉄道敷設法改正案」（「鉄道比較線路決定に関する法律案」の一部）として提案されます。提案したのは後に5・15事件で銃弾に倒れる犬養毅です。議会では意外な展開と結末が待ち受けていました。

2月16日、第4回帝国議会衆議院第1読会で審議日程が決定されます（表2参照）。重要な法案ですので、十分な審議がされるよう「鉄道委員会」でまず審議することが決まりました。委員は9名で期間を3日とし、結論を20日に提出することを議決しています。9名の委員は選挙で決定しました。この法案では、中央線の諏訪・名古屋間の予定路線について政府案を①筑摩線玉川線――「長野県下諏訪ヲ経テ西筑摩郡ヨリ愛知県下名古屋ニ至ル鉄道」（「第4回帝国議会議事速記録」）――と提案しています。

	衆議院での中央線ルートの議事日程
2月16日	衆議院第一読会で審議日程を決定
2月17～19日	衆議院鉄道委員会で審議、採決
2月21日	衆議院第一読会で審議、採決

表2　「中央線ルートの審議の議事日程」

2) 衆議院鉄道委員会では、多治見・名古屋間について、瀬戸線を採択！

2月17日、衆議院鉄道委員会が開かれました。話し合いは、次の2点で紛糾します。

◎諏訪・中津川間を①筑摩線にするか、②第二伊那線にするか
◎多治見・名古屋間を③高蔵寺線（玉川線）、④瀬戸線、⑤小牧線
のどの路線にするのか。（図5参照）

ここでは、2点目を中心にみていきます。経済的効果から瀬戸線を主張する青山朗議員に対して、政府委員・松本荘一郎は、瀬戸線を採用しない理由を次のように述べています。

「瀬戸は陶磁器産業が盛んで輸出入も多いので、路線を測量したが勾配が悪く将来永く鉄道を利用する上で良くないと考え、瀬戸線を採用しないことに決定した。」（「第4回衆議院委員会速記録」を参考に要約）

また、第1回鉄道会議には出されなかった小牧線の質問が、青山朗議員から出されています。その内容と政府答弁は次のようです。

「勝川線（高蔵寺線）ヨリモ小牧線ノ方ニスレバ、勝川線ニ比スルニ入費モ遥カ減ズルシ工事モ易ク出来ルヤウニ心得マスガ」
（青山議員）

「小牧ノ方ニ出ルノハ測量致シテゴザリマセヌ」
（政府委員・松本）
（「第4回衆議院委員会速記録」）

路　　線	距　　離	最急勾配	工　　費	所要時間
高蔵寺線③	約 38.3km	100 分 1（10‰）	約 212 万 5 千円	1 時間 7 分
瀬戸線　④	約 42km	40 分 1（25‰）	約 244 万 4 千円	1 時間 26 分
小牧線　⑤	政府は未測量（比較線の対象外で民間の要望線）			

表3　「多治見・名古屋間の３路線の比較」

（第4回帝国議会衆議院委員会速記録を参考に作成）

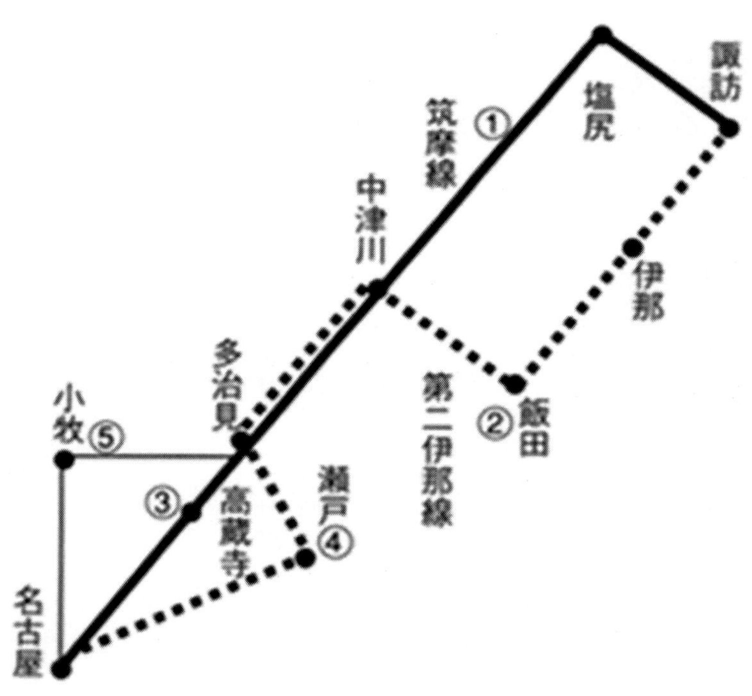

図5　「諏訪・名古屋間路線図」

太線政府案、点線が委員会で決定した路線

答弁のように、下街道沿いに内津峠を越えて西尾から小牧へぬける小牧線を、政府は測量調査していなかったのです。この後の第1読会でも小牧線の質疑はありましたが、政府は、迂回するより、距離の短い方を採ると退けます。2月18日の委員会に提出された比較説明文書を基に、名古屋・多治見間の3つの路線をまとめると表3のようになります。

この表から分かるように、瀬戸線は路線距離において約2哩23鎖（約3.7キロメートル）、工費約32万円、時間は19分余分にかかるわけです。勾配も、土岐川沿いを通る高蔵寺線（玉川線）が10‰(10パーミル：1000メートルで10メール上昇）です。多治見から瀬戸を通る瀬戸線の25‰(25パーミル)と比べると、はるかに平坦であることがわかります。

高蔵寺・多治見間の工事も、トンネルを5つ掘る(実際はトンネル14本)など大変ではあります。しかし、勾配、距離、工費、時間から考えて、政府案を高蔵寺線（玉川線）に決めたことは、表から当然の結果といえるでしょう。

（なお、多治見・名古屋間の所要時間は1時間7分を想定していますが、明治33年の開通時には1時間35分かかっています。）

2月19日、いよいよ委員会の採決が出されます。そこで政府案の筑摩線の高蔵寺線（玉川線）に対して2本の修正案が出されます。

・② **第二伊那線を採用**する。

・④ **多治見・名古屋間は瀬戸線を採用**する。

そして委員会としては、結局、政府案の筑摩線高蔵寺線（玉川線）を採用しませんでした。2本の修正案を共に可決したのです。第二伊那線と瀬戸線を採用する理由は、人口の多い伊那地方を通ることと、経費的には多少多くかかるが、瀬戸は陶磁器産業が盛んな都会であり、後の経済的効果が考えられるということでした（「第4回衆議院委員会速記録」を参考に要約)。

第5回帝国議会に向けて、瀬戸の陶磁器業者が「中央鉄道敷設線路選択の儀に付請願」を提出しています。その文章の中で、この委員会で政府案を修正して議決したことを賞賛する文章があります。

> 「第 4 期帝国議会ニ於イテ政府ヨリ提出セラレタル鉄道比較線ニ関スル法律案ノ衆議院特別委員会ニ上ルヤ、委員会ハ公論ノ帰着スル所ヲ察シ、実際ノ利害ニ就テ深慮スル所アリ、瀬戸線ノ布設工費ハ玉川線ニ比シテ増加スルニ拘ラス、断固トシテ原案ヲ修正シ其等ノ希望スルガ如ク瀬戸町ヲ経由スルモノト議決セラレタル」
> (『瀬戸市史　資料編五　近現代 1』より引用)

明治 26 年 2 月 20 日付「新愛知」の「特別委員会における比較線決定」は、委員会の結果を報じています。この鉄道委員会の結果では、現在の春日井市に鉄道は通らなかったわけです。

しかし、これを受けた衆議院第一読会の続きにおいて、またもや話は一転、思わぬ展開が待ち受けていたのです。

●特別委員會に於ける比較線決定

特別委員會は中央鐵道線中八王子より諏訪伊那を經て清内路より山口に出で中津川より瀬戸を經て名古屋に達するの線を採るに決す

(一昨夜八時五十五分東京特發電報)

明治 26 年 2 月 20 日付「新愛知」

3) 「鉄道比較線路決定に関する法律案」成立せず

明治 26 年 2 月 21 日、第 1 読会の続きが始まります。ここでは、まず委員会で第二伊那線と瀬戸線を採択した経緯について、委員長から報告があります。これに対して政府委員からの反論もありました。そうした中で、島田三郎議員（鉄道委員会に参加した委員の 1 人で衆議院神奈川選出の議員）が次のような議決を延期するように緊急動議を提出します。

> 「鉄道比較線路決定ニ関スル法律案ハ其調査甚ダ不十分ニシテ再調査ヲ要スルニヨリ第五議会マデ其決議ヲ延期スルモノトス」（「第 4 回帝国議会議事速記録」）

この緊急動議が拍手と怒号の中、わずかの差（**賛成 136、反対 130**）で可決されました。結局政府の調査不足ということで、本会議では議決できなかったわけです。明治 26 年 2 月 22 日付「新愛知」は、帝国議会の様子を右のように報じています。この結果により、名古屋・多治見間は瀬戸を通るルートに決定しなかったわけです。春日井地区にとっては、春日井を通る政府案を願っていましたので、まさにラッキーな結果となりました。

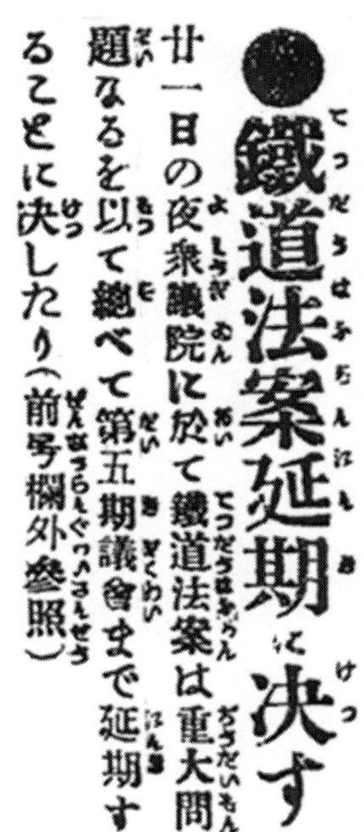
●鐵道法案延期に決す
廿一日の夜衆議院に於て鐵道法案は重大問題なるを以て總べて第五期議會まで延期することに決したり（前号欄外參照）

明治 26 年 2 月 22 日付
「新愛知」

（7）白熱した春日井近隣の誘致合戦　　（明治 26 年 2 月～）

第 4 回帝国議会で路線が決定しなかったため、各地域からの誘致運動は第 5 回、6 回の帝国議会に向けてさらに過熱しました。名古屋・多治見間では、瀬戸、春日井、小牧の各地域から瀬戸線（図 5 ④）、高蔵寺線（玉川線）（図 5 ③）小牧線（図 5 ⑤）をそれぞれ主張して、鉄道誘致運動が行われました。

1）瀬戸線の誘致運動　　（明治 26 年 11 月～）

瀬戸地区からは、陶磁器業者が第 5 回帝国議会に向け、「中央鉄道敷設線路選択ノ儀ニ付請願」（明治 26 年 11 月）を出しています。ここでは瀬戸線と高蔵寺線（玉川線）を比較して瀬戸線が優れていることを述べています。さらに、第 6 回帝国議会に向けて「中央鉄道瀬戸経過線選定理由書」（明治 27 年 5 月）を出しています。ここでは瀬戸線、小牧線、高蔵寺線（玉川線）を図等で比較しています（図は 3 つを平行に表し、ルートがわかりにくくなっています）。その中で、3 路線のうち「地理、工事の難易からすると玉川線（高蔵寺線）が一番である」と認めたうえで、瀬戸線の良さを次のように説明しています。

「瀬戸経過線ノ適良至要ニシテ他ノ高蔵寺・小牧二線ニ卓絶スル所以ノモノハ、主トシテ鉄道其自身ノ経済上並ニ国家全般ノ経済上、効益最モ多大ナルニアリ」

産業という経済面で考えると小牧線や玉川線（高蔵寺線）に比べて瀬戸線の方が断然優れているとして、瀬戸線を選ぶように請願しています。

2) 高蔵寺線（玉川線）の誘致運動　　　（明治 26 年 10 月ごろ）

明治 26 年 10 月ごろに春日井地区からも高蔵寺線（玉川線）、現在の中央線のルートの要望書が出されます。それが「中央鉄道玉川線選定趣意書」(春日井市教育委員会所蔵）です（資料２参照)。

これには、高蔵寺駅のある吉田留三郎・玉川村長、長谷川五郎・勝川町長始め近隣町村長 27 名が名を連ねて署名しています。署名の最初が吉田氏で２番目が長谷川氏です。高蔵寺駅のある玉川村村長を中心にした要望書であることがわかります。同じ要望書は、埼玉県の鉄道博物館にも所蔵されています。なお『東春日井郡誌』で署名している町村長の在任期間を調べた結果、この要望書は、明治 26 年 10 月ごろに書かれたことがわかりました。この要望書では、要望書を出す理由を次のように説明しています。

「多治見以西の線路は、ほぼ玉川・勝川を経て名古屋に至る路線で決まっているのに関わらず、瀬戸線、小牧線と、比較線を唱えて盛んに運動している人がいる。これを見過ごすことができずに発表した。」(「中央鉄道玉川線選定趣意書」を要約）

また３つの路線を比較（資料２）して次のように説明します。

「3 路線の中で、玉川線が適当であることはだれもが認めることです。それは、地方に影響されない政府の鉄道測量技師が選んだ線だからです。」(「中央鉄道玉川線選定趣意書」を要約）

そして鉄道工事費用や到着時間の速さなどを考えて、明治政府の原案を支持して高蔵寺線（玉川線）を選定するように請願しています。27の町村長についてまとめると表4のようになります。春日井地区に限っていうと、片山村（牛山・大手地区など）と内津村（内津・西尾・明知地区）の村長のみがこの連署に参加していません。では、なぜ片山村と内津村は参加していないのでしょうか。それは高蔵寺線（玉川線）より小牧線（内津、西尾までは下街道沿いを通る）の方が近いという理由が考えられます。片山村と内津村は小牧線を希望したのではないでしょうか。

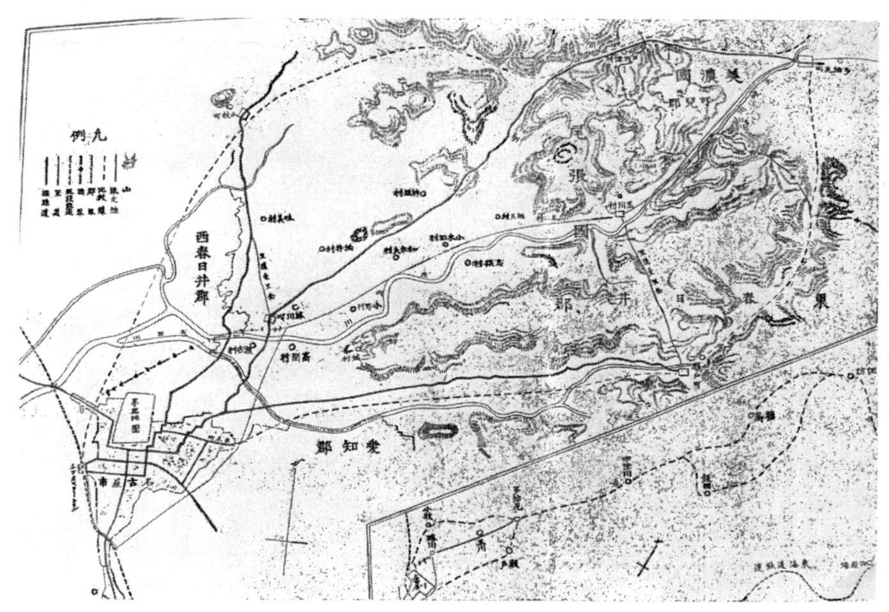

資料2「中央鉄道玉川線選定趣意書」明治26年10月ごろの中央鉄道八王子名古屋間比較線図（コピー）春日井市教育委員会所蔵を加工

※『名古屋鉄道百年史』では、凡例にない城北線（P.56参照）の描かれていない「八王子名古屋間比較線図」を掲載しています。

	連署に参加	不参加
現春日井市内	玉川村　勝川町　和爾良村　小木田村　柏井村　不二村　小野村　雛五村　神坂村　下原村　八幡村　味美村　田楽村　春日井村	片山村　内津村
現春日井市外	二条村　志段村　高間村　掛川村　豊場村　志段味村　如意村　味鋺村　萩野村　川中村　六郷村　金城村　清水町他	

表4「署名参加・不参加町村」

3）私設鉄道計画　　　（明治 26 年 11 月）

中央線は官設で計画されていましたが、帝国議会での話し合いが遅々として進みませんでした。そこで、名古屋・中津川間を私設鉄道で結ぶという計画が起こりました。明治 26 年 11 月 2 日の「扶桑新聞」には、私設鉄道敷設願いという記事が掲載されています(右参照)。42 名の連署の中には、堀尾茂助泰彬（地租改正反対運動で活躍した堀尾茂助義康の子）の名前もあります。私設鉄道の名古屋・多治見間のルートは瀬戸を通るルートと考えられます。しかしこの計画は、官設の中央線が決定されましたので、認可されませんでした。

○私設鐵道敷設願　豫て噂のありたる名古屋中津川間の私設鐵道敷設の件は奥田正香、吉田祿在、堀部勝四郎、青山朗、小塚逸夫、堀尾茂助、岡本清三等四十二名連署して昨日其筋へ出願せしが該經費豫算額は四百万圓なりと

明治 26 年 11 月 2 日付

「扶桑新聞」

（8）中央線の審議のない第５回帝国議会と中央線の路線が決定した第６回帝国議会　（明治 26 年 11 月、明治 27 年５月）

第５回帝国議会は、明治 26 年 11 月 28 日から 12 月 30 日まで開催されました。この第５回帝国議会では衆議院が直ちに解散されています。そのため中央線の路線決定についての話し合いは行われませんでした。中央線の路線の決定は、第６回帝国議会に持ち越されました。

明治 27 年５月に入り、再び鉄道関係の記事が新聞紙上を賑わしました。政府が第 6 回帝国議会に向けて、「比較線路決定ニ関スル法律案」を再提出することにしたためです。第６回帝国議会は、明治 27 年５月 15 日から開催されています。その中で、中央線の審議日程は表５のようです。

	衆議院での議事日程
5 月 17 日	衆議院第一読会で審議日程を決定
5 月 19～22 日	衆議院鉄道比較線路決定ニ関スル法律案外七件審査特別委員会で審議、決定
5 月 23 日	衆議院第二、三読会で審議・採決、最終決定

表5「衆議院での議事日程」

前回の第４回の帝国議会では、政府の調査不足により法律案を成立させることができませんでした。政府は今回（第６回帝国議会）も第４回帝国議会と同様に筑摩線の高蔵寺線（玉川線）を政府案として提案しています。5 月 17 日、衆議院第一読会では、重要な法案のために特別委員会を開いて審議することを決定しました。委員は選挙により 9 名で構成されました。5 月 19 日～22 日、中央線の路線について、委員会で話し合いが行われました。ここでは大きな反対意見も出ず、政府案の筑摩線高蔵寺線（玉川線）

を可決しています。5月23日、衆議院第二読会が開かれました。ここでは、諏訪・名古屋間について2本の修正案が提出されています。第4回帝国議会の衆議院鉄道委員会で可決された第二伊那線（清内路線）と瀬戸線です。しかし2本の修正案への賛成は少数であっさりと否決されています。そして中央線の路線は、政府案通り筑摩線高蔵寺線（玉川線）で決定しました。

瀬戸線や小牧線を指示して積極的に誘致運動を行ってきた瀬戸や小牧の人々の無念さが右の新聞から伝わってきます。

続いて法案は5月25日から貴族院で審議されました。貴族院では、衆議院と同様に大きな反対意見も出ず、可決されました（以上、「第6回帝国議会議事速記録」より）。

明治27年6月、法律第6号をもって中央線の敷設が正式に決定しました。ついに鉄道が春日井を通ることになりました。

○瀬戸線及小牧線　昨年以來競爭激しかりし中央鐵道比較線中瀬戸線小牧線共破れ竟に玉川線と決定せしかば瀬戸小牧兩地の人士失望一方ならずと聞く

明治26年5月25日付「扶桑新聞」

コラム１　福澤諭吉揮毫扁額「身体健康精神活潑」

小牧線誘致運動が活発に行われていた明治 27 年頃、小牧町長であった岸田七右衛門（在任明治 27～31）が小牧線誘致請願のため東京に赴いた折、福澤諭吉に面会して揮毫してもらったものと思われます（『岸田家書簡』より）。扁額は現在小牧市立小牧小学校の「校訓」として職員室正面に掲げられています。

Ⅱ　名古屋・多治見間の開通

（1）予算とルートの確定　（明治 27 年〜29 年）

1）予算

明治 27 年 6 月に中央線の敷設が決定されましたが、その次に解決しなければならないことは建設費等資金面の問題です。そのために政府は明治 29 年 1 月、第 9 回帝国議会に八王子・名古屋間の鉄道建設費予算を、明治 28 年度以降 7 か年度の継続費として、2040 万円の予算で議決します。その様子を明治 29 年 1 月 22 日「扶桑新聞」は、「鉄道中央線路八王子名古屋間本日午前予算委員会に於いて可決された」と報じています。もちろんこの予算では足りないので帝国議会で審議を重ね、最終的には第十八回帝国議会で、総額約 4570 万円となりました。明治 29 年 4 月、政府は中央線敷設工事のため、名古屋に鉄道局出張所を設けます。所長には逓信省の鉄道技師を任命し、工事準備に取りかかりました（明治 29 年 4 月 29 日付「扶桑新聞」参照）。

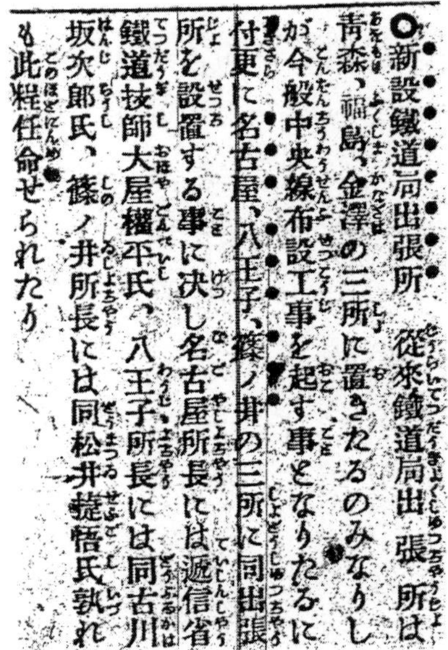

○新設鐵道局出張所　從來鐵道局出張所は青森、福島、金澤の三所に置きたるのみなりしが今般中央線布設工事を起す事となりたるに付更に名古屋、八王子、篠ノ井の三所に同出張所を設置する事に決し名古屋所長には遞信省鐵道技師大屋權平氏、八王子所長には同古川坂次郎氏、篠ノ井所長には同松井捷悟氏孰れも此程任命せられたり

明治 29 年 4 月 29 日付
「扶桑新聞」

2) ルートの確定

春日井を通るルートが国会で議決されてからも、名古屋・多治見間については国会で審議された測量結果からルートや停車場（駅）が少し変わっています。名古屋・多治見間の開通時に誕生した駅は、名古屋（明治22年誕生済）・千種・勝川・高蔵寺・多治見です。駅で変更されたのは出来町→千種と長瀬→多治見です。まず、名古屋市内で大きな問題となった千種駅についてみていきます。

中央線のルートについて、当初鉄道局側には、名古屋地区で城北部（名古屋城の北側）を通過させて距離を二哩（約3．2㎞）短縮し、建設工費を約20万円安くしようとする構想がありました（城北線）。これに対して当初案通りを主張する住民が「名古屋東部停車場設置同盟」を結成して、誘致運動を展開します（城東線）。一方、城北部に停車場を誘致しようとする住民もあり、両者は激しく対立しました。結局明治29年9月には現在の中央線のルート（城東線）に決まり、駅は東部停車場（千種駅）にまとまりました。千種駅に決まったことにより、第一回鉄道会議や国会で提案された出来町駅は通過点となりました。なお開通当時の千種駅は、現在の位置より約400m名古屋寄りでした。

多治見駅については、第1回鉄道会議の測量報告書に「多治見の対岸なる長瀬（停車場）」とあるように、多治見市街地北方の長瀬駅が計画されていました。しかしこれも変更され、開通時には多治見市街地にやや近くになり、駅名も多治見駅になりました。

現・春日井市内の勝川駅と高蔵寺駅については、駅名に変更はありませんが、勝川駅の場所は当初の計画から変更され、町はずれの松河戸町地内になったと考えられます。

また、「中央鉄道玉川線選定趣意書」（春日井市教育委員会所蔵）や小牧町民の要望書「中央線計画絵図」（資料３）に描かれている高蔵寺線（玉川線）の勝川・高蔵寺間は、やや庄内川に近いルートになっています。しかし33年の開通時には、もう少し庄内川から離れて北側に敷設されました。

高蔵寺・多治見間についてのルートは、勝川・高蔵寺間と逆で、山側よりやや庄内川沿いに変更になっています。第１回鉄道会議で報告された「十六鎖乃至四十三鎖ノ隧道」（約322mから約864mのトンネル）の５本は、75mから607mのトンネル14本に変わっています。大きなトンネルよりも、小さなトンネルをたくさん作ることで、工事の困難さを解消しようとしたのでしょう（資料３参照）。

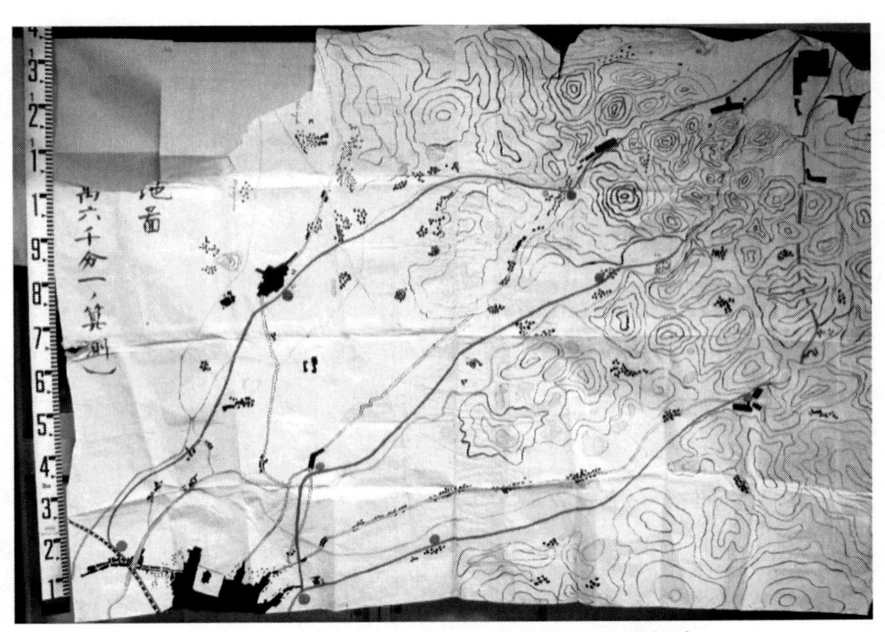

資料3　明治26年ごろの小牧町民の要望書
「中央線計画絵図」（小牧市神明社所蔵）

（2）鉄道用地の買収　　　　　（明治 29 年 10 月〜32 年 2 月ごろ）

予算に合わせて鉄道用地の買収が始まります。明治 29 年 10 月 7 日付「扶桑新聞」は、「中央鉄道用地買収協議会」と題して、用地買収主任が決定され、愛知県庁内で協議会が開催されたことを報じています。この頃から中央線の鉄道用地買収が本格化してきたことがわかります。そして、既に工事が行われている時期の明治 32 年 2 月 9 日付「扶桑新聞」では、東春日井郡柏井村の一部を除き大方中央鉄道線の用地買収は終了したと報じられています。鉄道用地の買収に２年半ほどかかったことになります。

○中央鐵道用地買收協議會　中央鐵道敷設線路に當る用地買收事務取扱主任として左の諸氏命ぜられ一同昨日愛知縣廳内に於て協議會を開きたる由

井深基、鈴木藤一郎、所直治郎（以上縣屬）和田信一郎、片桐鎌吉（愛知郡書記）丹羽源之助（西春日井郡書記）山田定國、山田鎰之助（名古屋市書記）

明治 29 年 10 月 7 日付

「扶桑新聞」

明治 30 年 4 月 2 日付「扶桑新聞」は「中央鉄道用地に係る運動」と題して

> 「鉄道用地買収の補償金が低価格になることを恐れて中央線沿線村長の東春日井郡玉川村村長長江初太郎や雛吾村村長伊藤安造、和爾良村村長林小参らが連携して方針を決めて岐阜県庁や愛知県庁に上申書を提出する計画だ」（要約）

と報じています。

「勝川町役場の記録」に鉄道用地買収がみられるようになるのも明治 30 年ごろからです。明治 30 年 3 月 13 日に東春日井郡長に提出された、勝川町に住む地主総代の資料が残っています（表 6 は勝川町西切野地区部分）。そこには、勝川町内の鉄道敷地に該当する 152 箇所、地主 60 人分の買い上げ願いの価格が示されています。それによると、鉄道用地買い上げ願い価格は、1 坪当り約 2 円で統一して要求されています。同年 4 月 9 日には、鉄道によって分裂してしまった残地についても、同額の坪 2 円で買い上げてほしいという願いが出されています。

なお地主総代は、鉄道残地の買い上げ願いを出した約 2 年後の明治 32 年 5 月 6 日付で、同様の願いを再提出しています。ただしこの時には、買い上げ額を坪 2 円から 1 円に下げています。要望書通りになったかどうかは不明ですが、要望が通ったとすれば、用地は坪 1 円（現在の価格で約 2 万円）ほどで買収されたことになります。

字名	地番	地種目	等級	反別	鉄道敷地坪数	反金	買上代金	一坪当り代金	住所	氏名
西切野	〈略〉	田	一三	三一四	二二七	三五六四六		二、〇〇〇	勝川町	〈略〉
仝		仝	一四	三〇九	一二七	三三六七〇		仝	仝	
仝		仝	一三	一〇一	七	三五六四六		仝	仝	
仝		仝	仝	一三	一三	仝		仝	仝	
仝		仝	仝	五	二	仝		仝	北海道	
仝		畑	二	三二四	二三	四二一八三		仝	勝川町	
仝		田	一三	二九	五	三五六四六		仝	勝川町	
仝		田	仝	二〇五	一	仝		仝	仝	
仝		仝	二	一二四	一二三	四二一八三		仝	仝	
以下略										

表6　明治 30 年 3 月 13 日付「鉄道敷地代取調書」（春日井市教育委員会所蔵）を基に作成

（3）名古屋・多治見間の鉄道敷設工事

（明治 29 年 11 月～33 年 10 月）

1）第 7、8 工区（玉野～池田）は難工事！　（明治 29 年 11 月～33 年 7 月）

中央線の名古屋・多治見間の工事は矢田川橋梁、庄内川橋梁と、第 1 工区から第 9 工区に分けて行われました。その内の難工事が予想された矢田川、庄内川両橋梁とトンネル部分の多い第 7、8 工区については名古屋鉄道作業局の直営で、その他の工区は業者入札の請負という形をとりました。現・春日井市の部分をまとめたものが表 7 です。春日井地区の工区は 6 つに分けられています。第 1 工区から第 3 工区は名古屋市内、第 9 工区は多治見市内です。

明治 29 年 11 月 14 日付「扶桑新聞」は、「中央鉄道線工事」と題して、玉川村・池田村（第 7～8 工区）のトンネル工事（6 号トンネル）から始まったことを伝えています（図 6 参照）。

工区（区間）	種別	着工年月	竣工年月
庄内川橋梁	直営	29 年 11 月	31 年 5 月
第 4 工区（庄内川橋梁～内津川）	請負	32 年 2 月	32 年 11 月
第 5 工区（内津川～高蔵寺）	請負	32 年 4 月	33 年 10 月
第 6 工区（高蔵寺～玉野）	請負	32 年 6 月	33 年 1 月
第 7、8 工区（玉野～池田）	直営	29 年 11 月	33 年 7 月

表7　「工区割」（『日本国有鉄道百年史』と明治 32 年 6 月 3 日付「扶桑新聞」を基に作成）

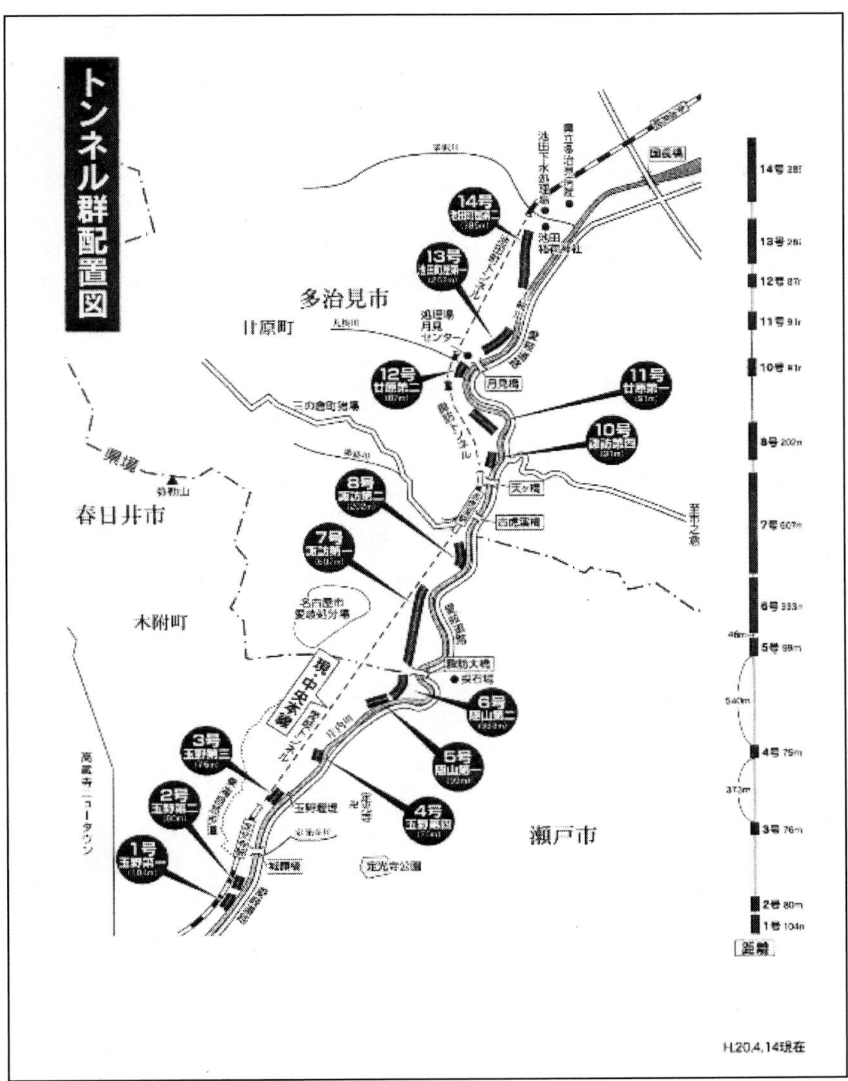

図6　「旧トンネルの配置図」（資料提供：トンネル群保存再生委員会）

トンネルについては、イギリス積みレンガの堅牢さを重視した技法が用いられています。

明治 30 年 11 月 23 日付「扶桑新聞」は、材料の調達が思うようにいかないなど工事の大変さを伝えています。玉川村・池田村間の工事の材料を調達するために、逓信省鉄道局経理課は明治 29 年 7 月から新聞広告も出し、入札で物品を購入しています。なお、トンネルの絵図面（図７）も残されています。

トンネル工事中には事故も起きています。第 6 号トンネルは土岐川に接近している区間にありますが、明治 30 年 4 月には大雨のため西坑門外部分が崩壊する事故が起きています（『日本国有鉄道百年史』）。

第 5 号トンネル工事でも同年 11 月 21 日、抗夫 6 名の死者を出す大事故が起きています。明治 30 年 11 月 27 日付「扶桑新聞」は、「中央鉄道隧道崩壊の詳報」と題して事故の様子を報じています。

まさしく第 1 回鉄道会議で難工事を予想していたことが現実となりました。工事は明治 33 年 7 月に終了しています。同年 7 月、この工事の犠牲者の殉職者慰霊碑が玉野町の太平寺に建てられました。平成 12 年には、慰霊碑が定光寺駅近くに移設されました。

昭和 41 年、中央線の複線高速化の工事が行われ、新しいトンネルができました。そして当初の定光寺・多治見間の路線は廃線となりました。旧トンネルの内 13 本は、明治の面影をうかがわせる痕跡を残し（1 つは古虎渓駅が出来た時に消滅）、定光寺駅からはトンネルの一部を見ることができます。

物品購買廣告

一石材類貳拾点　東春日井郡玉ノ川村外二ヶ所納
一切石及粗石五点　東春日井郡玉ノ川可兒郡池田村間納
一間知石壹千百八拾九面坪　仝上納
右ハ本月廿四日入札執行
以上入札保証金ハ各自見積代價百分ノ五以上（圓未滿ハ切上ゲ）入札者ハ二年以來引續キ其業ニ從來セル者ニ限ル
右購買ス入札望ノ者ハ當日三日前迄ニ名古屋出納事務所ニ就キ入札人心得書契約書按等熟覧ノ上當日午前十一時限リ入札保証金相添仝所ヘ入札書差出スベシ　但即時開札ノ事
此契約ハ鐵道局計理課長圖師民嘉締結ス
明治三十年四月八日
遞信省鐵道局計理課

明治 30 年 4 月 14 日付
「扶桑新聞」

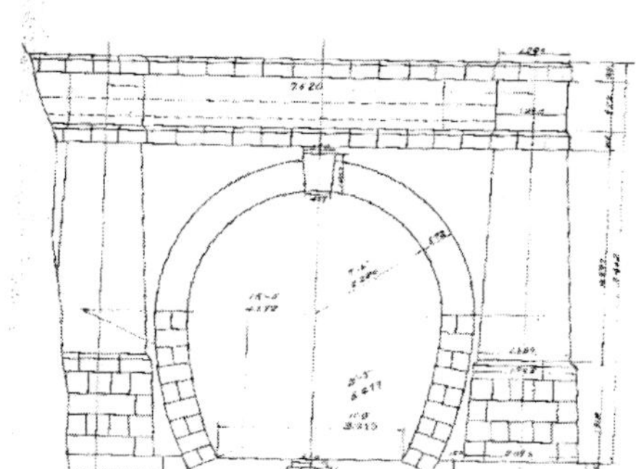

図7「玉野第三隧道西坑門正面図」と
「隠れ山第二隧道正面図」
（資料提供：東海旅客鉄道株式会社）

◎中央鐵道隧道崩壞の詳報

中央鐵道線中なる尾張東春日井郡玉川村大字玉野字外ノ原小字隠れ山第五號隧道（即ち尾張美濃両國境界を西に距る十町許の處）は長五十間餘にして其内部煉瓦積立工事中去二十一日午後零時五十分とも覺しき頃東坑門山上の巖石俄然崩壞し折しも坑内に働き居りし坑夫五名土方一名巖石の下に埋没せられたり而して瓦壞せし長さは五間程にして巖石面積は五六十坪計りにして巨大なる巖石堆積し人力を以て取除くる能はざるに付き詮方なく「ダイナマイト」三百發餘を用ゐて破砕し人夫三百名を晝夜間斷なく役使して廿五日午後一時頃即五日目に至り漸く六人の屍体を堀り出す事を得たり其屍は肋骨腑臓を砕かれ或は顔面に巖石篏入する等實に目も當てられぬ惨状なりしと云ふ

明治 30 年 11 月 17 日付「扶桑新聞」

コラム2 「死有餘榮」碑

この碑はJR中央線の鉄道建設工事で職に殉じられた二十余名の方の慰霊碑です。中央線の名古屋・多治見間は明治29年11月に着工し、明治33年（1900年）7月25日に開通しました。この工事において落盤事故や土砂崩壊で二十余名の方々が亡くなりました。その状況を目のあたりにした地元の有志の方々が、慰霊碑を玉野町地内の太平寺境内に建てました。碑には「死有餘榮」（「死して光栄を残す」の意）という題額の碑文が彫られています。

中央線開通100周年にあたる平成12年（2000年）に、この碑は中央線の旧第1、第2トンネルの間に移設されました。

「死有餘榮」題額

2）庄内川橋梁工事　　（明治 29 年 11 月～31 年 5 月）

庄内川の橋梁工事も名古屋鉄道作業局直営で、明治 29 年 11 月から始まります。橋梁の長さは、約 800 尺（240m）ということで、かなりの大工事となります。従ってトンネル工事の場合と同様に早くから着手されました。

この橋梁工事に対しては工事の変更の請願書が、勝川町役場資料として残されています（資料４）。誰に宛てたかは不明ですが、林小参・和爾良村村長ら４名の町村長が代表して明治 30 年３月に請願しています。

内容を要約すると、

「庄内川の橋脚は総計 17 基で、幅が１基４尺５寸で計画されています。合計すると 75 尺５寸（約 23m）になります。これでは庄内川の流れに障害となります。昨年 29 年９月の洪水では堤防が決壊しています。工事の変更願いを出しましたが、そのような心配はないという報告書が出されました。しかし、このままでは昨年の堤防決壊以上の惨状となることは目に見えています。再度工事の変更をお願いします。」

というものです。計画されている橋脚が大きすぎて洪水の危険性が高くなることを指摘しています。これに対する返答はなく、庄内川橋梁工事は明治 31 年５月にほぼ終了しています。

現在の庄内川にかかる橋梁は新しく付け替えられたものです。新しい橋梁の数メートル下流には、一部旧橋梁の跡が残されています（写真１、２参照）。

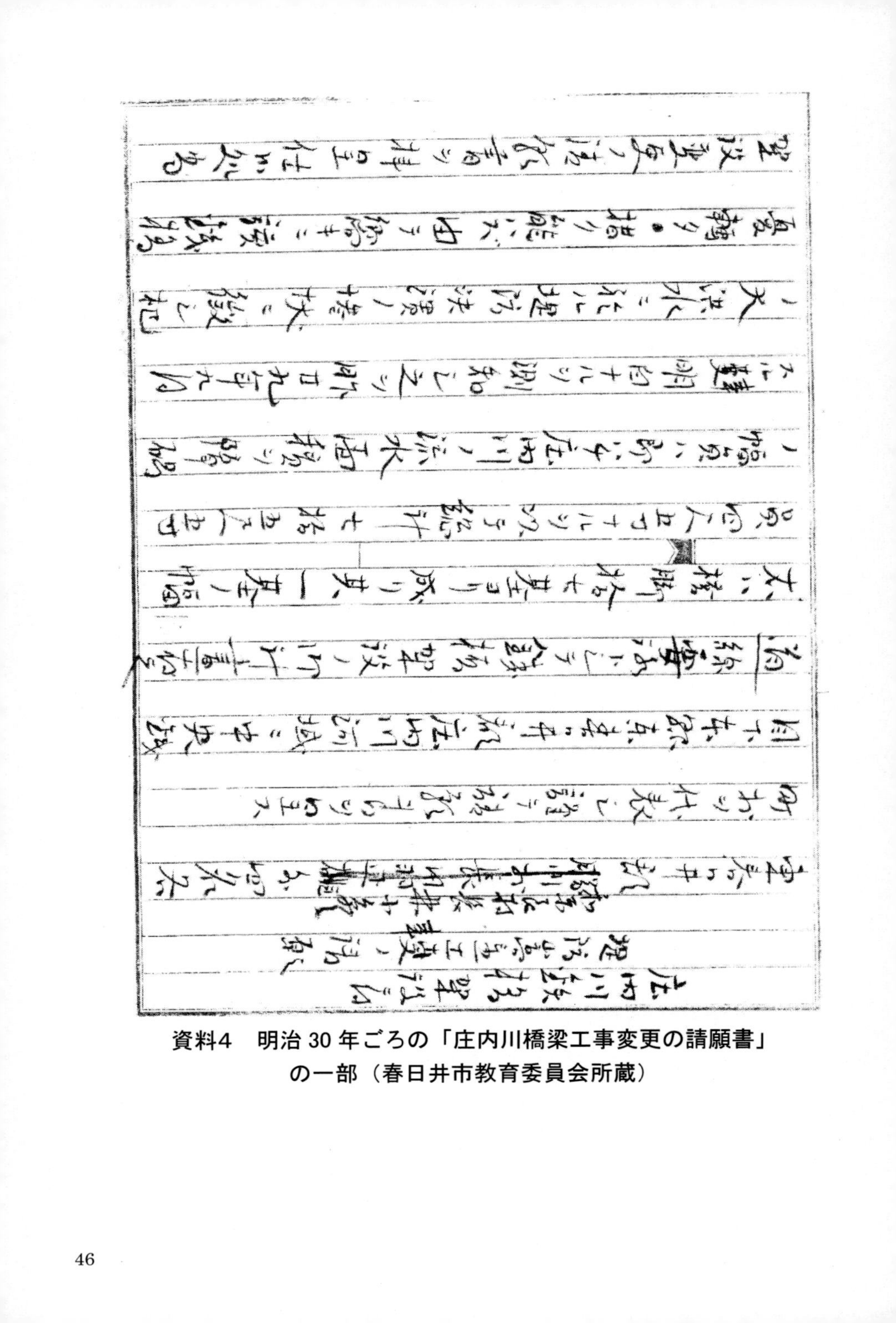

資料4　明治30年ごろの「庄内川橋梁工事変更の請願書」の一部（春日井市教育委員会所蔵）

写真１「庄内川旧橋梁を渡る汽車」（昭和 35 年、加藤弘行氏撮影）

写真２　「庄内川橋梁跡」（平成 20 年撮影）

3）第４工区～第６工区（庄内川橋梁～玉野間）の工事

（明治 32 年２月～33 年 10 月）

第４工区～第６工区（庄内川橋梁～玉野間）の工事は明治 32 年２月から始まります。ここでは、春日井市教育委員会に資料が多く残っている勝川町地内の工事（第４工区）の様子を中心にみていきます。

a.勝川駅の位置変更を要望

「中央鉄道勝川停車場ノ義ニ付請願」（資料５）は、勝川～内津川の工事が始まる以前の明治 30 年前後のものと考えられます。これには、

> 「勝川町会の決議により、鉄道庁の計画した勝川停車場（駅）の位置について駅を利用する人が利用しやすいようにもう少し西方にして、町の中心に近い位置にしてください。土地も安く提供します。」

という内容（「中央鉄道勝川停車場ノ義ニ付請願」を要約）が記されています。

明治 30 年ごろの勝川町の中心は、現在より南西に位置していました。勝川駅は小野村の位置に計画されていたため、当時の中心地から離れ、不便になると考えられていました。そこで絵図面（資料６）をつけ、もう少し市街地に近い位置（現在の城北線勝川駅付近）にしてほしいと要望しました。しかしこれについての回答は残っていません。当初の予定通り、駅の位置は変更されないまま工事は進んでいきました。

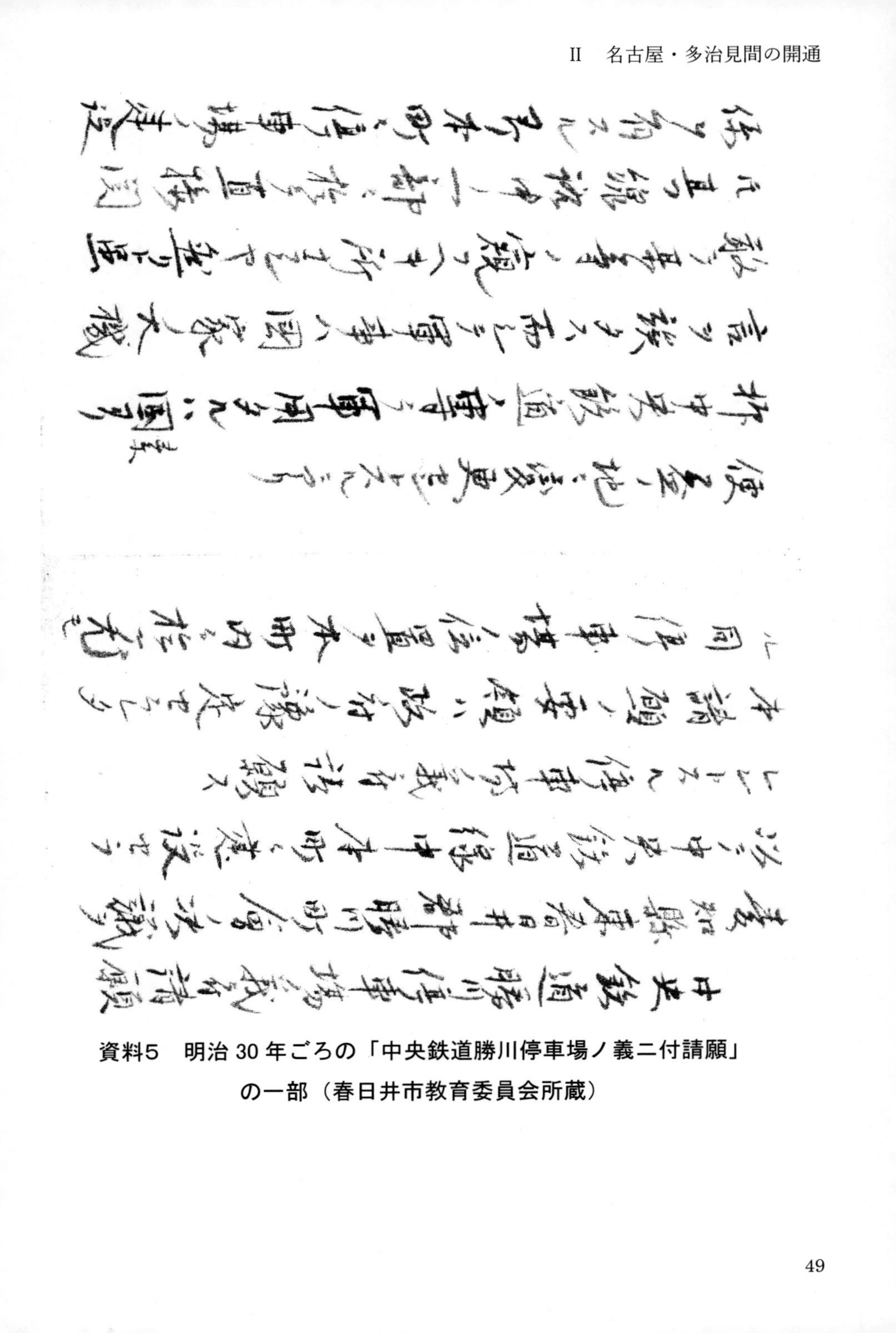

資料5　明治 30 年ごろの「中央鉄道勝川停車場ノ義ニ付請願」の一部（春日井市教育委員会所蔵）

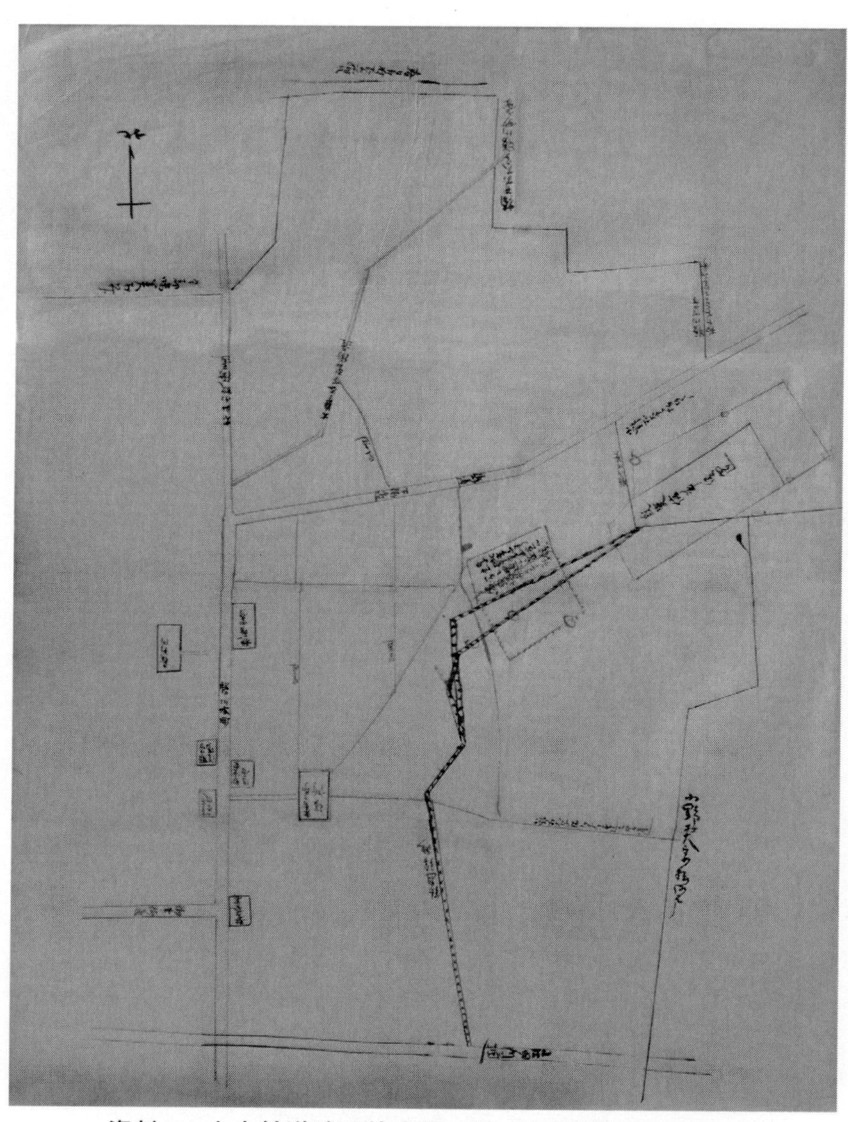

資料6　中央鉄道勝川停車場ノ義ニ付請願願書の付図

「勝川駅の絵図面」（春日井市教育委員会所蔵）

b.勝川地区の工事設計書

春日井市教育委員会には明治 30 年頃の「官設中央鉄道線路勝川町地内設計書」(資料７)が残されています。これは名古屋から８哩35鎖(13.5km)地点から、９哩 20 鎖（約 14.8km 地点）地点過ぎまでの約 1.3km を表す当時の勝川町地内の工事設計書です。

一番初めに書かれているのは名古屋から 13.5km 地点（西切野）の堤防踏み切りです。(図８の④）これは庄内川を渡った所（春日井市側）に作られるものです。長さは 19 尺（約 5.7 メートル）で、かなり大きなものです。そのほかの踏み切りは３尺（約 90cm）から６尺（約 1m80cm）です。二つ目の「暗渠」とは、線路の下をくぐる小トンネル（人の通行や用水用に利用するもの）です（写真３)。

設計書にみられる大きな橋梁３つは、庄内川に近い方から勝川橋梁、鎧塚橋梁、地蔵池橋梁と呼ばれたものです。わずか、1.3km の勝川地区に３つの大きな橋梁が計画されていました。設計書に見られる比較的大きな橋梁①勝川橋梁、②鎧塚橋梁、③地蔵池橋梁（写真４）をまとめると、下記のようになります（表 8、資料 7、図８参照)。

橋梁	庄内川堤防からの距離	長さ、規模
①勝川橋梁	北へ約 360m	120 尺（約 36m）中
②鎧塚橋梁	北へ約 480m	160 尺（約 48m）大
③地蔵池橋梁	北へ約 680m	160 尺（約 48m）大

表8「工事設計書に見られる勝川町内の三大橋梁」

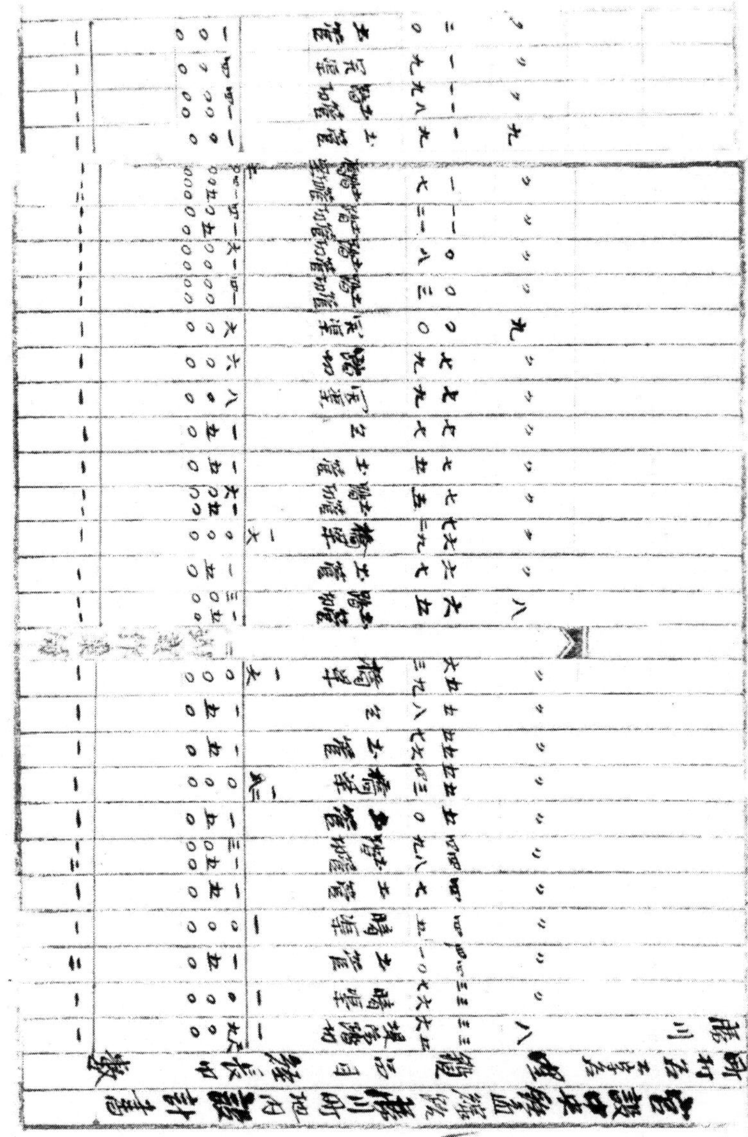

資料7「官設中央鉄道線路勝川町地内設計書」明治 30 年頃

（春日井市教育委員会所蔵）

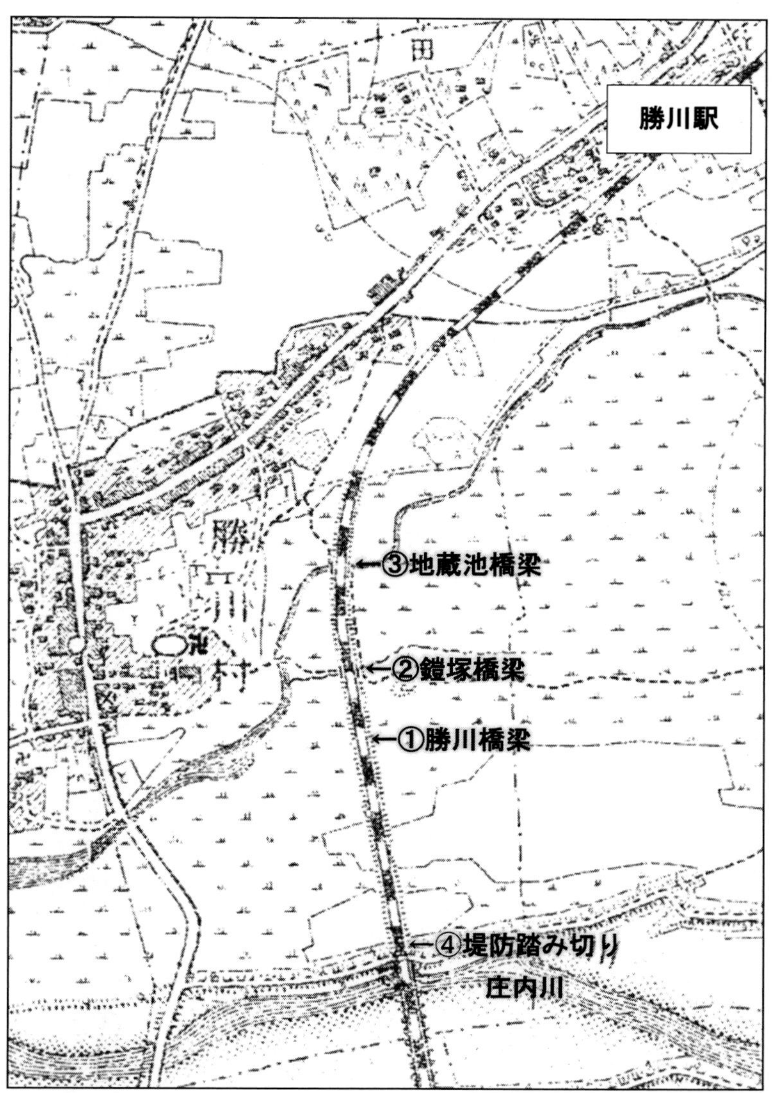

図8「明治 24 年測図」（43 年修正の勝川付近の地図）

写真3「庄内川橋梁付近の渠」（平成 20 年撮影）

写真4「地蔵池橋梁③上を走る貨物列車」

（昭和 35 年、加藤弘行氏撮影）

c.勝川地区の橋梁と踏み切りの申請書

鉄道工事が始まる前の明治 30 年 8 月 9 日、当時の丹羽正雄・勝川町長が愛知県知事に対して、長塚地区に橋梁を、苗田、南東山地区に開渠（小トンネル）を、そして南東山、笹原地区に踏み切りを増架設するよう申請しています（資料 8)。

これによると、

> 「勝川町は低地のため、一度激しい雨が降ると水が溜まってしまい排水が難しい。そのため鉄道局においては、中央線は堤防のように高く敷設される計画と聞いています。しかしそうすると耕作に不便ですので、踏切を作って住民の不便をなくしてください。また排水のために橋梁や溝を作って、水の停滞をなくしてください。」（要約）

と申請されています。

この要望された橋梁が、長塚にある図 8 の①勝川橋梁です。勝川橋梁については、当初の鉄道局の計画では半分の長さの 60 尺（約 18 メートル）になっているものを、勝川町で設計したように 120 尺（約 36 メートル）にしてほしいと申請されています。

勝川地区は低地のため、何度も洪水の被害にあっています。そのため汽車が通る路線は、堤防のように高く設計する必要がありました。しかし、それでは住民の往来や水の排出に支障が出てくるので、橋梁を大きく作って水が流れるようにする（避溢橋）必要があります。そのため勝川橋梁を長くする必要がありました。同様に苗田と南東山の開渠（小トンネル）も鉄道局の計画では小さすぎるため、6 尺のもの 2 つから、10 尺と 8 尺というより大きなものへと変更してほしいと申し出ています。

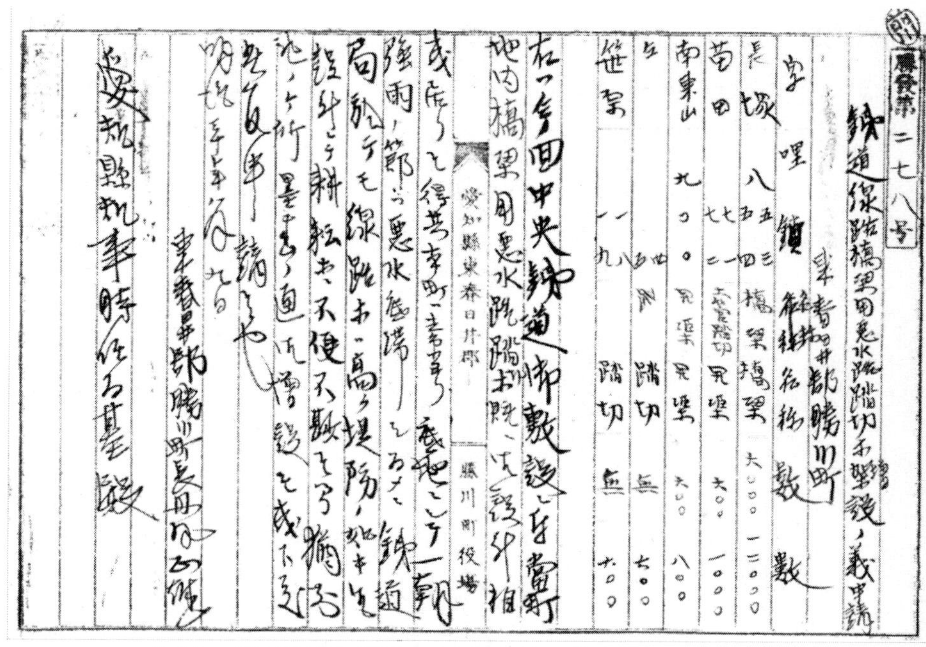

愛知縣東春日井郡

勝川町役場

資料8「鉄道線路橋梁用悪水路踏切像仮設ノ義申請」

明治 30 年 8 月 9 日（春日井市教育委員会所蔵）

また踏切については、鉄道局の計画にはなかったものを、南東山と笹原に６尺のもの２つを要望しています。工事設計書をよく見ると、希望がかなえられたものとそのままのものがあるように思いますが、詳細は今後調査したいと思います。

中央線の敷設後、地蔵川が昭和 37 年に改修工事されたり、平成に入り高架工事・勝川駅工事があったりして、随分状況が変わりました。

なお春日井市教育委員会には、使用されていた鎧塚橋梁と地蔵池橋梁の旧プレートが、JR 東海からの寄贈により、保存されています（写真 5)。

写真5「鎧塚橋梁プレート」（春日井市教育委員会所蔵）

d.内津川～玉野間（第5・6工区）の工事

庄内川橋梁～内津川（第 4 工区）の工事から 2 ヵ月後の明治 32 年 4 月には、内津川～高蔵寺（第 5 工区）の工事が始まります。さらにその 2 ヵ月後の明治 32 年 6 月には、高蔵寺～玉野（第 6 工区）の工事が始まります。請負入札区間については、「扶桑新聞」等に競争入札の広告を出しています。

工事は当初、明治 32 年度に終了を予定していましたが、トンネル部分の遅れがあり、明治 33 年度にずれこんでいます。そして明治 33 年 7 月の開通式前に、工事は一部を残して終了します。

内津川～玉野区間には、高蔵寺駅があります。高蔵寺の駅の位置には住民の希望で変わったという言い伝えがあります。しかし、資料 3「中央線計画絵図」（P.36）の高蔵寺駅の位置を見る限り、駅の位置は明治政府の考えた当初の予定通りの位置です。

なお、中央線の開通間近の明治 33 年 7 月 5 日付で明治 33 年当時の森国太郎・玉川村村長が逓信大臣に向けて「再停車場名義ニ付請願」という要望書を出しています。要望書を要約すると

「明治 33 年 2 月 9 日付けで、高蔵寺駅を玉川駅に変更することについて、一度要望したが返事がないのでもう一度要望します。」

というものです。これは現実問題として取り上げられず、駅名は高蔵寺のまま、今日に至っています。

（4）花火や余興相撲で名古屋・多治見間の開通を祝賀
（明治 33 年 7 月）

明治 33 年 7 月、いよいよ中央線の名古屋・多治見間の開通が近づいてきました。開通式は当初 7 月 15 日が予定されていましたが、工事の都合で式典（関係者を乗せた試運転）が 7 月 23 日に、一般に開放されるのは 7 月 25 日に延期されました。開通式に合わせて各駅で余興が計画されていることが、明治 33 年 7 月 19 日付「新愛知」に掲載されています。

春日井市教育委員会には、勝川警察署に宛てた花火打ち上げに関する「花火挙行届」、勝川駅構内での相撲興行に関する「寄合相撲挙行届」（いずれも明治 33 年 7 月 23 日に実施）、及び、開通式当日の様子（試運転）がわかる勝川町役場日誌（7 月 23 日）が保管されています（資料 9、10、11 参照）。

◉いゝいゝ中央線の開通　中央鐵道名古屋、多治見間の線路は一昨日遞信省より辻技師出張して監査を畢へたれば來る二十三日試運轉を行ひ二十五日より開通の筈なり右に付千種、勝川、高藏寺、多治見の各驛にては開通當日祝意を表せん爲め烟火、角力其他種々の餘興を催ほさんと目下準備中の由

明治 33 年 7 月 19 日付「新愛知」

◉いゝいゝ・いゝいゝ中央鐵道の開通期　中央鐵道名古屋多治見間は來る十五日頃より開通の豫定なりしも工事の都合に依り來る二十日頃ならでは開通に至らずとの事なり

明治 33 年 7 月 14 日付「新愛知」

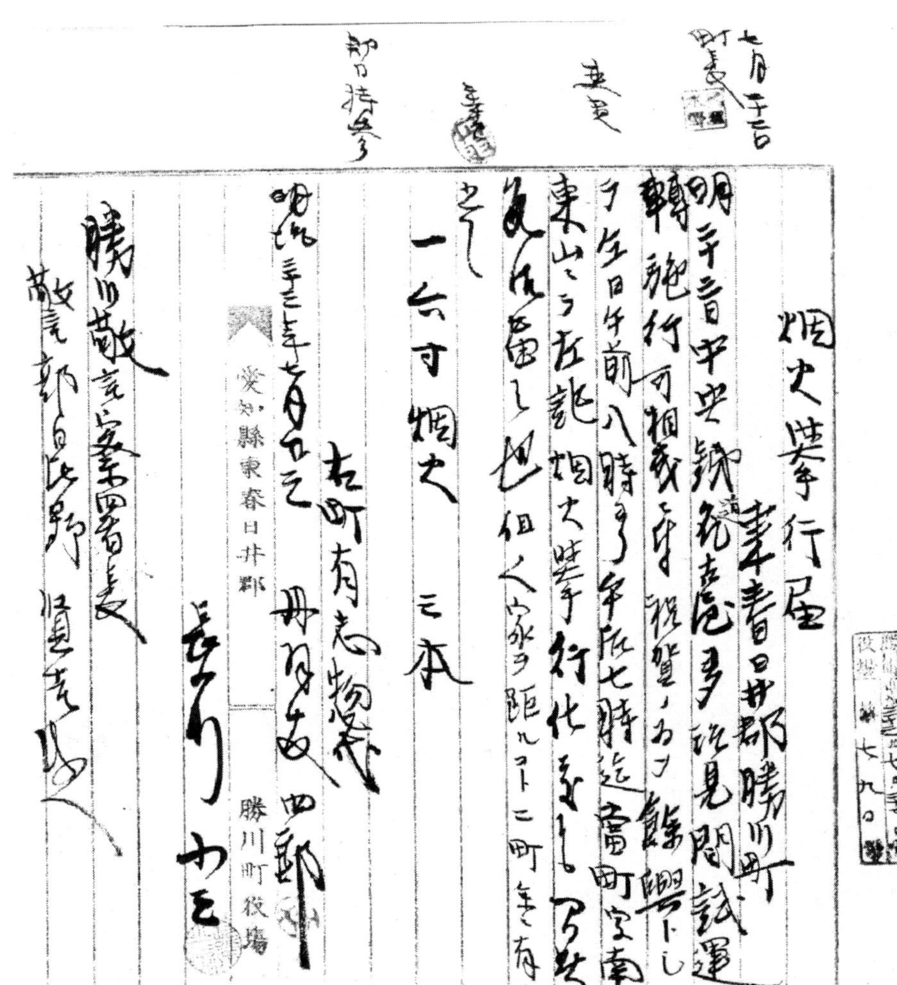

煙火挙行届

一 六寸煙火 二本

明治三十三年七月廿二日

愛知縣東春日井郡

勝川町役場

資料9　明治 33 年 7 月 22 日付勝川町役場資料「花火挙行届」

（春日井市教育委員会所蔵）

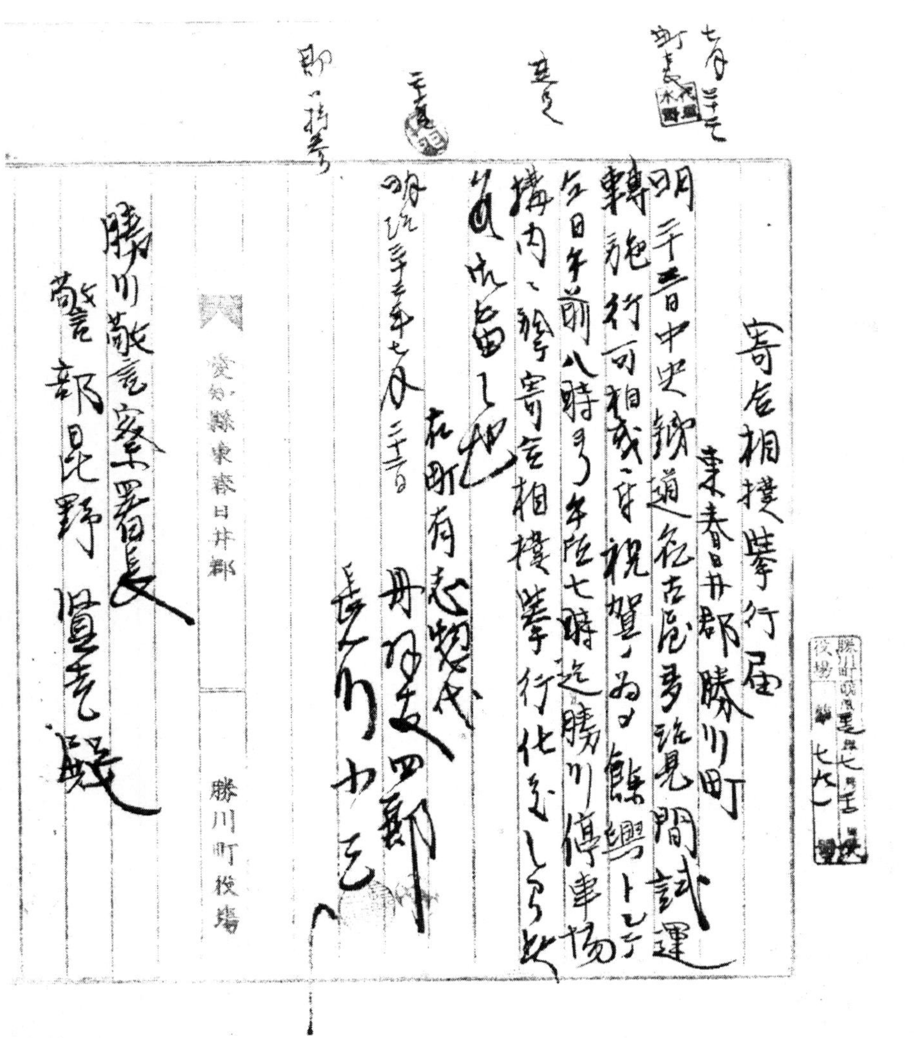

寄合相撲挙行届

東春日井郡勝川町

明廿三日中央鉄道名古屋多治見間試運転施行可相成ニ付祝賀ノ為メ余興トシテ当日午前八時ヨリ午后七時迄勝川停車場構内ニ於テ寄合相撲挙行仕度此段御届候也

明治三十三年七月二十二日

右町有志総代　丹羽長四郎

長谷川ヵ三

勝川警察署長

警部　日比野[illegible]殿

愛知縣東春日井郡　勝川町役場

資料10　明治 33 年 7 月 22 日付勝川町役場資料「寄合相撲挙行届」

（春日井市教育委員会所蔵）

明治 33 年 7 月 23 日の勝川町役場の日誌（資料 11）によると、

「また、今日は中央線の開通式が午前 9 時ごろ終了しました。午後は花火や寄り合い相撲、三味線の音楽、狂言なども行われました。勝川町からは扇子と旗が配布されました。休憩所では、お茶が振舞われました。松河戸新田からは折り詰めやお酒などが出され午後 7 時までにぎわいました（要約）。」

とあります。待ちに待った町民の喜びが伝わってきます。

試運転は 2 回行われています。 1 回目は午前 5 時、 2 回目は午前 9 時発です。試運転の様子を明治 33 年 7 月 24 日付「新愛知」は、「中央線開通祝いの模様」と題して

「鉄道・工事・沿道町村長約 500 余名が客車 6 両に分乗し、9 時 30 分千種駅を発し、11 時 30 分ごろ多治見駅に到着し、式典を行い、午後 2 時 30 分に多治見駅を発し、4 時 30 分に千種駅に到着」

等と報じています。

資料11　明治 33 年 7 月 23 日の「勝川町役場日誌」（春日井市教育委員会所蔵）

明治 33 年 7 月 25 日。難工事を経てついに中央線（名古屋・多治見間）の一般客を乗せた運転が開始されました（写真 6、7 参照）。

この日は視察を兼ねて芳川逓信大臣が、午前 9 時 15 分名古屋発の汽車で多治見駅まで乗車しています。そして、大臣は午後名古屋に戻ったと報じられています（明治 33 年 7 月 26 日付「新愛知」）。

ついに「春日井に鉄道がやってきました」。

●芳川遞信大臣の來名

遞信大臣芳川子爵は大阪神方へ出張の途次中央線の視察を兼ね昨日午前四時十七分着の汽車にて來名されしに付菅井書記官、小川警部長、宮山郵便局長等停車場迄出迎ひ同大臣は一旦榮町秋琴樓に立寄り朝飯を濟まし更に中央線の視察として午前九時十五分名古屋發の汽車にて多治見に至り午後四時歸館されたり尚は昨夜は郵便局及び鐵道局縣廳の有志者より大臣一行を前津東陽館に招待し饗宴を開かる本日は大阪へ向け出發の筈なり

●多治見に於ける芳川遞相　別項來名の芳川遞信大臣は昨日午前十時五十分多治見驛に到着し多數の出迎を受け虎溪山に於て午餐を喫し午後二時より西浦陶器場を縱覽し三時發の汽車にて歸名の途に就かれたりとの多治見電報ありたり

明治 33 年 7 月 26 日付「新愛知」

写真6「開業当初の勝川駅」『東春日井郡誌』

写真7「開業当初の高蔵寺駅」『東春日井郡誌』

当時の中央線の各駅の到着時刻と運賃は次の通りでした（表 9、10）。名古屋・勝川間の三等 15 銭を現在の値段に換算すると約 3,000 円になります。現在の運賃が 230 円ということを考えると、庶民にとってはかなり高いように思われます。

開業当初の名古屋・多治見間は 1 日 4 往復されていました（表 9、10）。現在、高蔵寺駅から名古屋へ向かう列車は、平成 20 年時に開業当初の 40 倍の 1 日 160 本ほどあります。なお開業当初の中央線は、東京を起点に考えられていたため、上りと下りが現在と逆です。

上り				
名古屋発	千種発	勝川発	高蔵寺発	多治見着
午前 6:00	6:17	6:38	7:01	7:35
午前 9:15	9:32	9:53	10:16	10:47
午後 1:00	1:17	1:38	2:01	2:35
午後 4:15	4:32	4:53	5:16	5:50
下り				
多治見発	高蔵寺発	勝川発	千種発	名古屋着
午前 8:10	8:40	9:10	9:31	9:45
午前 11:55	12:32	12:55	1:16	1:30
午後 3:10	3:48	4:10	4:31	4:45
午後 6:25	7:02	7:22	7:41	7:55

表9「開業当初の中央線時刻表」

区間	賃銭	
名古屋・勝川	二等 27 銭	三等 15 銭
名古屋・高蔵寺	二等 41 銭	三等 23 銭

表10「開業当初の中央線運賃」

Ⅲ　その後のエピソードあれこれ

（1）反対運動で中央線のルートが変わったと言う伝説

中央線敷設に関する伝説に、明治政府の当初の中央線敷設計画ルートは住民の反対運動で現在のルートに変更されたというものがあります。その伝説がいつ起こったのかは定かではありませんが、昭和 30 年ごろには公の出版物にも登場し、春日井市の通説となっていました。内容についてまとめると以下のようになります。

> **明治 26 年 2 月、春日井市内の中央線の予定路線**は、下街道沿いに内津峠を越えて多治見に出る（坂下）ルートで現在の国道 19 号バイパスに近いものでした (A)。
>
> ところが、産業の中心である養蚕の被害や街道が寂れる等を考えた坂下地区の農民等の反対運動があり、路線の決定が宙に浮きかけました。それに乗じて玉川（高蔵寺）ルート、瀬戸ルート、小牧ルート案が出されました (B)。
>
> 予定線にもっとも近い玉川線沿線の町村関係者は、比較線を唱えての盛んな運動を黙視できず、「中央鉄道玉川線選定趣意書」を出し賛助を求めました。こうした経過を経て玉川（高蔵寺）ルートが決定しました (C)。

(A) 坂下ルート→ (B) 玉川（高蔵寺）ルート・瀬戸ルート・小牧ルート→ (C) 玉川（高蔵寺）ルート。(A) (B) (C) の順に変更されたというのが定説でした。

この説については、その後の調査で史実に合致しない部分が出てきています。反対運動の記述が公の出版物に登場するのは、確認できる限り昭和38年の『春日井市史』です。これは、昭和30年代前半に行われた坂下地区に住む古老の聞き取り調査等から書かれた資料集に基づいて、記載されたものです。

しかし、『春日井市史』以前の資料『東春日井郡誌』等には、坂下を通るルートや住民の反対運動の記述がみあたりません。明治25、26年当時の新聞資料、帝国議会の資料では、下街道沿いのルート（坂下ルート）の記述は見られませんが、高蔵寺（現在の中央線）、瀬戸、小牧の3つのルート（B）の誘致合戦の様子に関する記述は多数確認されます。

中央線については、前述のような流れで敷設されました。それでは、なぜ伝説が坂下地区に生まれたのでしょうか。2回の測量調査（明治17年ごろと明治25年）では、坂下地区は測量されていません。では坂下地区の測量は全くなかったのでしょうか。調べていくうちに、坂下地区も鉄道敷設のために測量されていたことがわかってきました。そして坂下には駅も計画されていました。ただ、それは中央線ではありませんでした。中央線が開通してから約25年後にあったことです。

「中央電気鉄道」が大正13年、名古屋（押切）・多治見間の路線を計画しました。途中、多治見の有力者の脱退もあって短縮され、大正15年に、名古屋（押切）・坂下間敷設の免許が取得されました。大正15年9月の「中央電気鉄道予定線図」（写真8参照）には、押切・小牧（本線）、本線から分岐して坂下（支線）、坂下・多治見（点線の予定線）、坂下・瀬戸（点線の予定線）が示されています。この支線と多治見までの予定線の現・春日井市部分は、現在の国道十九号近辺と考えられ内津峠を越えて多治見に向かっています。

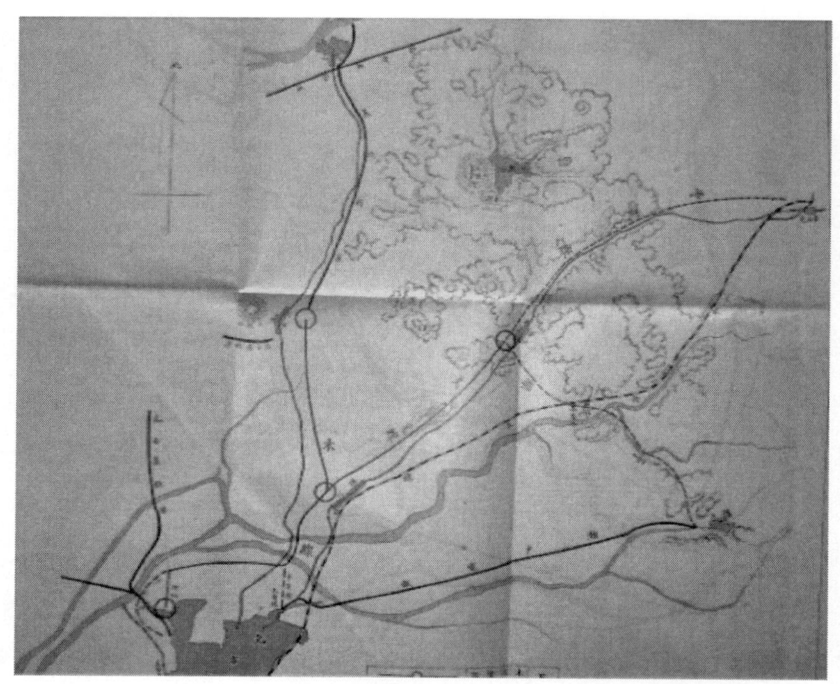

写真8　大正 15 年「中央電気鉄道予定線図」（旧名鉄資料館所蔵）

その後の昭和 2 年の「本線押切・新小牧間　支線勝川・坂下間予測平面図　縮尺 2 万分の 1」(写真 9、10、11 参照)には、新勝川駅・柏井駅・鳥居松駅・篠木駅・市場駅・大泉寺駅・終点の坂下駅が描かれています。この予定線は、大正 15 年のものよりやや南方の旧国道 19 号近辺（朱線が下街道で下街道沿いに坂下停車場が描かれている）を通っています。

その後、鉄道敷設の意志は「城北電気鉄道」・「名岐鉄道」（現・名鉄）に引き継がれました。昭和 6 年には、上飯田・味鋺・新小牧間（名鉄小牧線でその後、犬山まで延長）と味鋺・新勝川間が開通します。味鋺・新勝川間はその後、勝川線と称されました。その勝川線も、わずか数年で廃線となってしまいました。新勝川・坂下間は敷設されず幻と消えました。なお坂下を通る大正 15 年と昭和 2 年の測量図は、現在可児市の旧名鉄資料館に残されています。

「中央電気鉄道」により坂下地区が測量され、駅ができるという構想は、計画のみで幻に終わりました。このことが中央線の坂下地区測量と混同され、古老の言い伝えとなったと考えられないでしょうか。

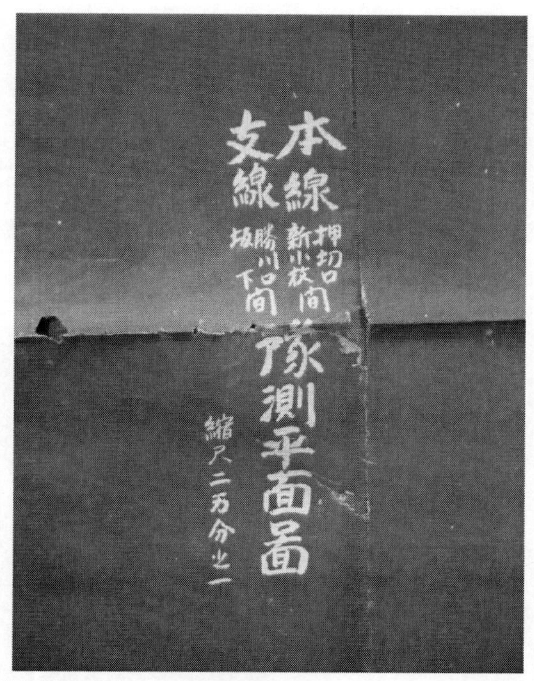

写真9「中央電気鉄道予測平面図」昭和 2 年（旧名鉄資料館所蔵）

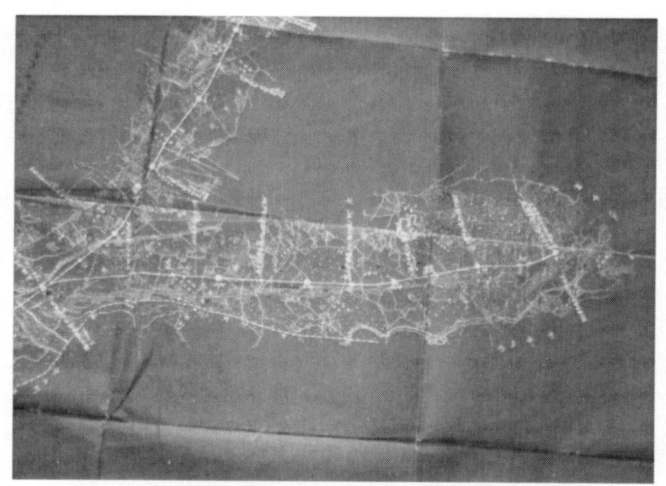

写真10「中央電気鉄道予測平面図」味鋺・坂下間と
味鋺・新小牧間、昭和２年（旧名鉄資料館所蔵）

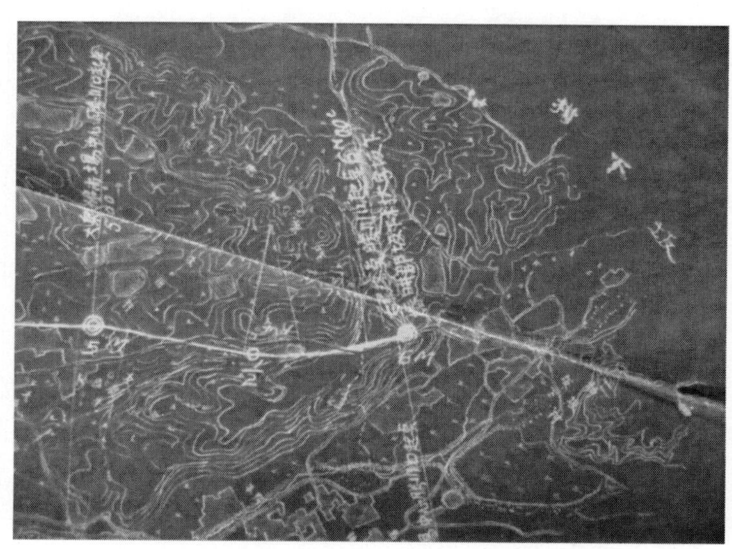

写真11　坂下部分の拡大（同上）

（2）名古屋・多治見間開通後の中央線の歩み

1）中央線全線の開通　（明治 44 年）

明治 44 年、木曽福島・宮の越間が開通し、名古屋から東京の中央線が一つに結ばれました。「鉄道敷設法」公布から 19 年の歳月が流れ、下街道を中心とした徒歩と馬による交通･輸送はしだいに鉄道へと変わっていきました。

2）定光寺駅　（大正 13 年）

勝川駅と高蔵寺駅に続き、春日井市内で 3 番目の駅として誕生したのは定光寺駅です（写真 12）。まず大正 8 年に、玉野信号所が作られました。定光寺への行楽客が年々増加したため、大正 9 年にはそこが仮の停車場となります。やがて、大正 13 年には常設駅に格上げされました。

定光寺駅は 3 月 15 日に開設して 11 月 30 日まで使用し、12 月から 3 月半ばまでは閉鎖するという期間限定の駅でした。駅開設にあたり地元の有志で寄付金が集められました。

写真12「開業当初の定光寺駅」（『東春日井郡誌』）

3）鳥居松駅（現・春日井駅）　　　　　　　　　　（昭和２年）

春日井市内で４番目の駅として誕生したのは鳥居松駅です。この鳥居松駅の開設に尽力したのが、鳥居松村の林長三郎・村会議員です。彼は、大正９年に勝川・高蔵寺間に中間駅設置を希望する人の調査を行い、鳥居松駅開設の請願書の準備を始めました。そして大正 15 年 12 月に新設許可の指令を得て、昭和２年 12 月 16 日に鳥居松駅が開設されました。土地の無料提供や駅前道路工事費の地元負担など、当時の鳥居松村・篠木村の働きかけが、開設の大きな要因となりました（写真 13)。

写真13「開業時の春日井駅」昭和２年
（資料提供：ＪＲ春日井駅）

鳥居松駅ができたことを記念して、駅前には弘法大師像が建立されました。建立にあたっては、庄内川の小石に「南無阿弥陀仏」と墨書して、像の中に納めることにしました。昭和７年３月 15 日に開眼式が行われました。

昭和 15 年に陸軍の鳥居松工廠（現在は、その地に王子製紙春日井工場があります）ができると、軍用資材や軍需品の輸送、工場で働く人々の通勤などのために駅の大改造が行われました。鳥居松駅は、昭和 21 年 5 月 1 日に春日井駅と改称されました。

コラム 3　鳥居松駅開設請願運動と林長三郎

鳥居松駅開設請願運動の代表として尽力した。（林長三郎短歌集『旅の友』林克己氏所蔵 参照）。

中央線鳥居松駅は、昭和 2 年に開設された。

林長三郎

昭和2年、鳥居松駅（現春日井駅）の開設式（資料提供春日井駅）

4）神領駅　（昭和 26 年）

春日井市内で５番目の駅として誕生したのは神領駅です。

大正 14 年、神領・堀之内など付近の村々の連合で駅設置の陳情運動が行われましたが、当時は鳥居松駅が昭和２年に開設されたため、実現しませんでした。

写真14　開業前の神領駅、昭和 24 年（資料提供：ＪＲ春日井駅）

鳥居松工廠ができた後、中央線の輸送力増強のため、昭和 18 年、信号所が設けられました。待避線とともに、列車の運行状況を把握するための高い建物が設置されました。

地元の駅昇格運動により、昭和 21 年 12 月 15 日より通勤時間帯の数本の列車で、定期券所持者のみの乗降が認められるようになりました。

昭和 26 年、春日井市及び付近町民の新駅設置運動が実って「神領駅」が開設され、営業が開始されました（写真 14）。開設当初は線路とホームともに１本でしたが、輸送力をあげるため、昭和 32 年に下り線と下りホームが設置されました。

5）昭和 30 年代以後の中央線　（昭和 30 年～）

昭和 39 年、名古屋・高蔵寺間、昭和 41 年、高蔵寺・瑞浪間も複線化されました。これらの工事により輸送力の増強と高速化が実現しました。高蔵寺・多治見間も新たなトンネルが掘られ、蒸気機関車が行き来した単線路線は廃線となりました。

昭和 43 年、高蔵寺ニュータウンの入居が始まりました。春日井市は名古屋のベッドタウンとして人口が急増しました。それに合わせて中央線は、朝夕のラッシュ時を中心に列車の本数が増加しました。同年 10 月には名古屋・瑞浪間、48 年 7 月には中央線全線が電化され、特急・急行列車の電車運転が開始されました。

昭和 57 年以後、春日井市内の駅・駅周辺の改修工事が行われ、駅や駅周辺の様子は一変しました。春日井市は、中央線とともに変貌を遂げ発展してきたともいえます。このブックレットでは、春日井、瀬戸、小牧の激しい誘致合戦の末に現在の中央線ルートが決定されたことを明らかにしました。市民にとって、なくてはならない存在の中央線。そうした中央線について、開通に至る先人の功績を見直してみる必要もあるのではないでしょうか。

コラム4　愛岐トンネル群の遺構

現在、NPO 法人愛岐トンネル群保存再生委員会の人々の努力により、明治の産業遺構としての維持保存活動が行われています。

おわりに

平成 19 年 5 月、現春日井郷土史研究会会長が当時私の勤務していた文化財課を訪問されました。春日井市を通る中央線について、現国道 19 号沿いの坂下地区を通る計画が住民の反対運動でルートが変更された春日井の定説に不安を感じられたからです。会長からもう一度中央線の歴史について調べ直して欲しいという依頼がありました。これが、私の中央線の歴史について調べるきっかけでした。

本書Ⅰ、Ⅱ章では年代順に中央線が敷設されるまでの歴史を明らかにしていきました。現在残る当時の資料から、測量調査の結果から示された政府案がほぼ現在の中央線のルートだとわかりました。また、町の発展を夢見て激しい春日井近隣の誘致運動があったこともわかりました。中央線の審議では、伊藤博文首相、黒田清隆逓信大臣、井上勝鉄道庁長官、立場は違いますが板垣退助や福澤諭吉など明治時代を築いた人物が関わったこともわかってきました。

Ⅲ章では、坂下地区の住民運動でルートが変わったという伝説について取り上げました。最近分かったこととして、中央線の敷設後に現国道 19 号沿いに鉄道を敷設する計画のあったことがわかりました。この計画は、現在の名古屋市味鋺駅から新勝川、坂下、内津峠を超えて多治見に達するものです。このことが、春日井の伝説と関連しているように思います。

私は、春日井市民をはじめたくさんの方々にこの本を通して中央線の敷設に至る歴史を知っていただきたいと考えています。今後は、未解読の中央線資料の解読にも努めてまいります。

<参考文献>

『東春日井郡誌』　東春日井郡役所　1923 年
『大日本帝国議会誌第２巻』　大日本帝国議会誌刊行会　1927 年
『高蔵寺町史』　高蔵寺町　1932 年
『春日井市史』　春日井市　1963 年
『春日井の近代史話』　春日井郷土史研究会　1984 年
『帝国議会衆議院委員会議録明治編４』　東京大学出版會　1986 年
『鉄道会議議事録・鉄道論集他』　経済評論社　1987 年
『名古屋鉄道百年史』　名古屋鉄道株式会社　1994 年
『瀬戸市史資料編五近現代１』　瀬戸市　2006 年
井戸田 弘　『東海地方の鉄道敷設史』　2010 年

平成 20 年度春日井市教育委員会民俗企画展リーフレット
「春日井に鉄道がやってきた～中央線の歴史～」　春日井市　2009 年
郷土誌かすがい 66 号～68 号　春日井市　2007 年～2009 年
安田 裕次「春日井に鉄道がやってきた　前編」
郷土誌かすがい 79 号～81 号　春日井市　2020 年～2022 年
安田 裕次「春日井に鉄道がやってきた　後編」

安田　裕次（やすだ　ゆうじ）

1958年清須市（旧新川町）生まれ。愛知教育大学社会科哲学教室卒業後、春日井市で教員となる。小中学校で教鞭をとるなか、春日井の歴史について、郷土史研究会会員として研究する。定年退職後の現在も、春日井市の再任用教員として小学校に勤務。そのかたわら、春日井市文化財課勤務中に始めた「中央線の歴史」研究を、現在も進めている。

シリーズ ふるさと春日井学 5

春日井に鉄道がやってきた

中央線名古屋・多治見間の開通

2023年3月31日発行

著　　者　安田　裕次

発 行 所　株式会社 三恵社

〒462-0056　愛知県名古屋市北区中丸町2-24-1

TEL.052-915-5211　　FAX.052-915-5019

ISBN 978-4-86693-770-0　C0021